EVERYDAY COLORFUL

# まいにちカラフル

## 一年中の編みこもの

Lunedi777 ♡ 泉 玉青

## [SPRING]

- 5　春のブローチ
- 6　花モチーフのコースター
- 7　花モチーフの巾着
- 8　シャーベットショール
- 9　フラワーガーデンポシェット
- 10　エブリデイ2wayバッグ

## [SUMMER]

- 13　夏のブローチ
- 14　ドットバッグ
- 15　レタードドイリー
- 16　レーシーフラワーのクッションカバー
- 18　キャンディーブックカバー

この本に関するご質問は　お電話またはWebで
書名／まいにちカラフル　一年中の編みこもの
本のコード／NV70805
担当／有馬
Tel：03-3383-0637（平日13:00～17:00受付）
Webサイト「手づくりタウン」https://www.tezukuritown.com/
＊サイト内「お問い合わせ」からお入りください（終日受付）。

この本の訂正や
追加情報がある場合は
こちらでお知らせします

CONTENTS

＊本書に掲載の作品を複製して販売（店頭・Web・イベント・バザー・個人間取引など）、金銭の授受が発生する一切の行為を禁止しています。個人で手づくりを楽しむためにのみご利用ください。

# [SPRING]

## 春のブローチ

花の後に実るイチゴ、夏前には飛び立つスワン、そして次々に咲き始める花から2種をブローチにしました。
小さなお花の集まったお花は色や配置、葉を変えて他の花にもアレンジできます。

使用糸…（SPRING）オリムパス エミーグランデ

（a・b イチゴ）オリムパス エミーグランデ、エミーグランデ〈カラーズ〉

（c・d スワン）ハマナカ ウオッシュコットン《クロッシェ》

（e・f ライラック / g・h ヒヤシンス）オリムパス 金票40番レース糸

How to make…P.80, 82, 83, 84

# 花モチーフのコースター

使用糸…[hus:] Annie（アニー）

How to make…P.42

絵本に出てくる絵具やクレヨンで描いたようなお花をイメージしたコースターです。太めの糸でどんどん編めるので、いろんな色合わせで編んでみて。ちょうど角に穴があるので使った後はフックにかけても良いですね。

## 花モチーフの巾着

使用糸…DARUMA レース糸#20

How to make…P.58

左ページと同じモチーフを6枚つなげた巾着は艶のないマットなくすみ色をチョイスし、ネイビーや茶でまとめることで、甘さを抑えた大人仕様にしました。

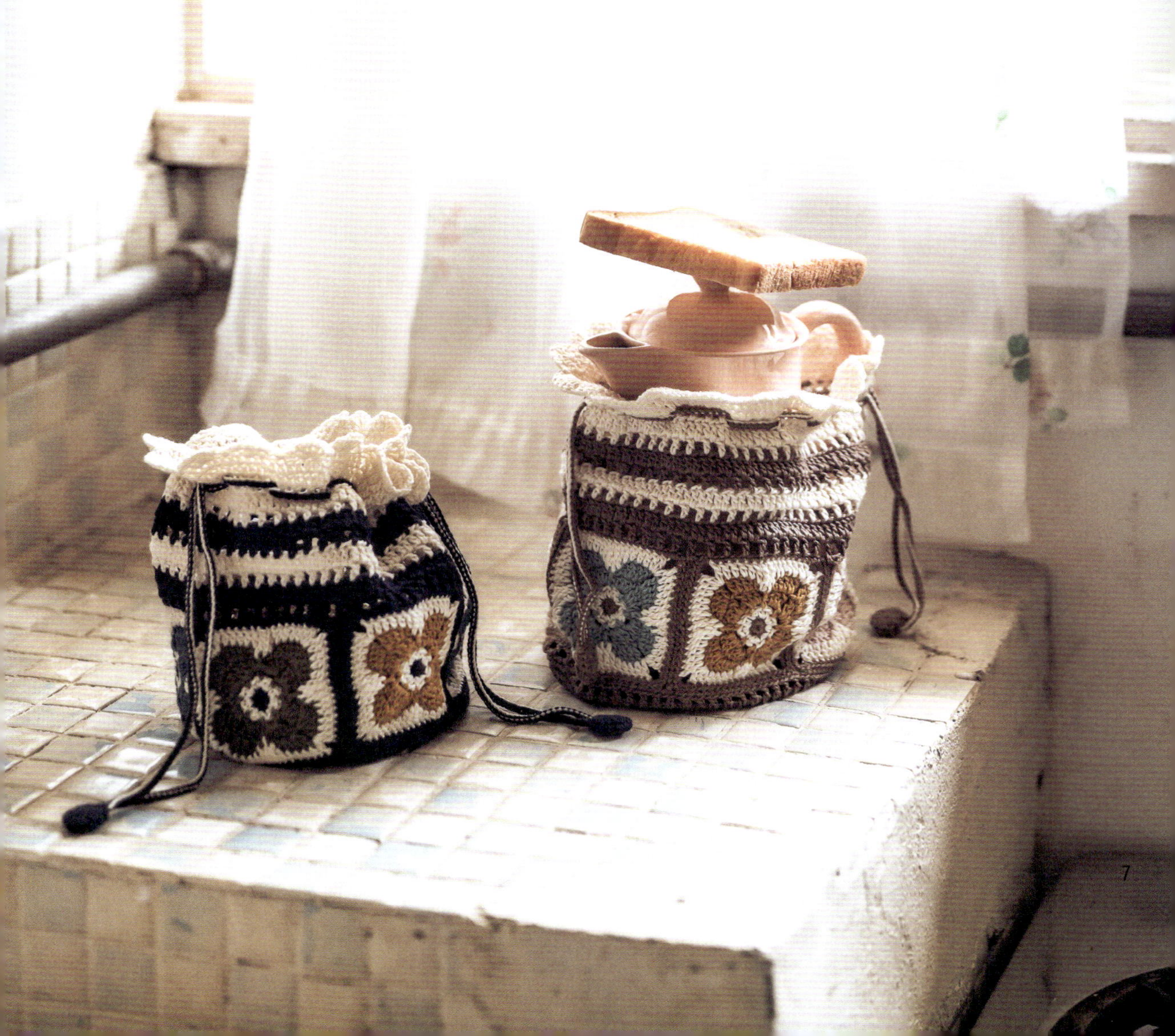

やさしい色のコットンリネンの糸を見ていたら子供の頃に作ったハートや星形のシャーベットが思い浮かびました。
メインのモチーフの間に小さな丸を配してつなげることで、ますますおいしそうなショールになりました。

## シャーベットショール

使用糸…sawada itto こねり

How to make…P.52

満開の花を輪に編んでいくポシェットです。最初の数段は不規則ですが、そこを過ぎたらリズミカルに編めます。
底と袋口、ひもは強度とアクセントを兼ねてかぎ針編みに。
ひもを結んで、キッズが持ってもかわいいです。

## フラワーガーデンポシェット

使用糸…ごしょう産業 毛糸ピエロ コットンニィート (S)

How to make…P.46

EVERYDAY
COLORFUL
EVERYDAY
KNITTING

季節の移り変わり、日々の色の変化を感じながら春夏秋冬編んでいたいという願いを込めたバッグです。
持ち手と肩ひもに引き抜き編みのひと手間をかけることで、ボーダーのようなデザインに見せつつ強化できました。

## エブリデイ2wayバッグ

使用糸…ごしょう産業 毛糸ピエロ コットンニィート (S)

# [SUMMER]

# 夏のブローチ

エネルギーに満ちた夏には色鮮やかなブローチを身につけて。バブルは余り糸で大小いろんな丸を自由に組み合わせて…。シンプルな浮き輪や流れ星も、少しの糸であっという間に編めちゃいます。

使用糸…（SUMMER）ハマナカ ウォッシュコットン《クロッシェ》

（a・b 浮き輪）ごしょう産業 毛糸ピエロ コットンニィート（S）

（c・d バブル）オリムパス エミーグランデ、エミーグランデ〈カラーズ〉、sawada itto こねり

（e・f・g 流れ星）DARUMA レース糸#20

How to make…P.80, 83, 84, 85

## ドットバッグ

夏休みに飲んだあのドリンクがイメージソース。袋口を斜めストライプに、持ち手を白い縁取りの楕円形にしてさらに夏のワクワクをプラスしました。

かぎ針で編んだ底と持ち手は、目数・段数が違うけど同じ編み方です。

使用糸…DARUMA ニッティングコットン

How to make…P.56

## レタードドイリー

方眼編みで文字を編みました。編むことにセラピー効果があるのは実感していますが、世界中の人々が穏やかな気持ちで編めるようにという願いも込めました。文字が見えてくるとどんどん編み進められます。

使用糸…オリムパス 金票40番レース糸

How to make…P.60

3段めまではP.8のショールと同じモチーフで、クッションカバーに。4段めと縁編みの色を表裏で変えたら、1つで2倍かわいくなりました。気分やインテリアに合わせて使えます。枚数を変えてサイズアレンジしても。

使用糸…オリムパス エミーグランデ

How to make…P.50

## レーシーフラワーのクッションカバー

## キャンディーブックカバー

使用糸…sawada itto こ

How to make…P.89

外国のカラフルなキャンディーをイメージし、7色の丸をランダムにつなぎました。
色はランダムですが順序良く編みつなぐとつなぎ目が揃ってきれいです。
そで部分には方眼編みで文字を編み、しおりもつけました。

TABLE
I. — Fille du peuple siennois
II. — L'engagement
III. — Les griffes de Satan et l'annea
IV. — Va vers tes frères
V. — L'Etoile de Dominique
VI. — Première de cordée
VII. — Lames de fond
VIII. — L'Auberge des douleurs
IX. — La croix et l'olivier
X. — Dans la ville sonneuse de joie
XI. — Le grand retour
XII. — Terrible conquérante du Seign
XIII. — La fondation de Notre-Dam
XIV. — Déléguée du Saint-Siège
XV. — La Chrétienté en péril
XVI. — La mobilisation des contemplati
XVII. — Aux dimensions de l'Eglise
XVIII. — Au rythme des martyrs
XIX. — Telle qu'elle-même pour l'Eterni
XX. — En feuilletant le livre des Dialog
Lettres
XXI. — Sur la plus haute tour
H
C
I
FILLE DU PEUPLE SIENNOIS
Est-il une ville plus aimable que Sienne? Au fronton de l'arche d'accès à la cité médiévale se lit toujours ce charmant salut : COR MAGIS TIBI SENA PANDIT : Plus largement encore que ses portes, Sienne t'ouvre son cœur!
L'accueil peut surprendre de la part d'une ville campée sur un roc puissant, qui surveille par-dessus ses murailles une étendue presque illimitée de plaines et de collines. Farouche envers ses ennemis — elle n'en manquait pas! — Sienne accueillait en amis tous ses hôtes. Aujourd'hui encore, si vous passez le seuil de la fameuse porte Camollia, vous serez séduit par la bonne grâce de ce peuple cultivé et plein de finesse qui parle la langue la plus savoureuse et la plus musicale de la péninsule.
H
C

# [AUTUMN]

## 秋のブローチ

秋には落ち着いたくすみ色が似合います。艶感のないマットなコットン糸やウール糸で、落ち葉の他にミニマムな丸モチーフや編み込みストライプを編んでブローチにしました。胸元やバッグにつけてコーデのポイントに。

使用糸…（**AUTUMN**）DARUMA レース糸#20

（**a 丸 / b・c 葉っぱ**）DARUMA レース糸#20

（**d スクエア**）ハマナカ 純毛中細

How to make…P.80, 86, 87

## クロス柄のとんがりミトン

好きな色を詰め込んだ三角ミトンです。
地色と手首の色を決めたら、好きな色を散りばめます。私が配色を考えるときは、毛糸玉を並べ替えて決めています。
ぜひ好きな色で、自分に似合うmyミトンを編んでくださいね。

使用糸…ハマナカ 純毛中細

How to make…P.62

## ドットマフラー

ぐるぐると輪に編んでいくマフラー。編み地が二重になっているうえ、糸を横に渡す編み込みなのでとっても暖かです。
糸を引きすぎずふんわり編むのがポイント。
仕上げのスチームでキレイなドット柄に整えます。

使用糸…DARUMA エアリーウールアルパカ

How to make…P.66

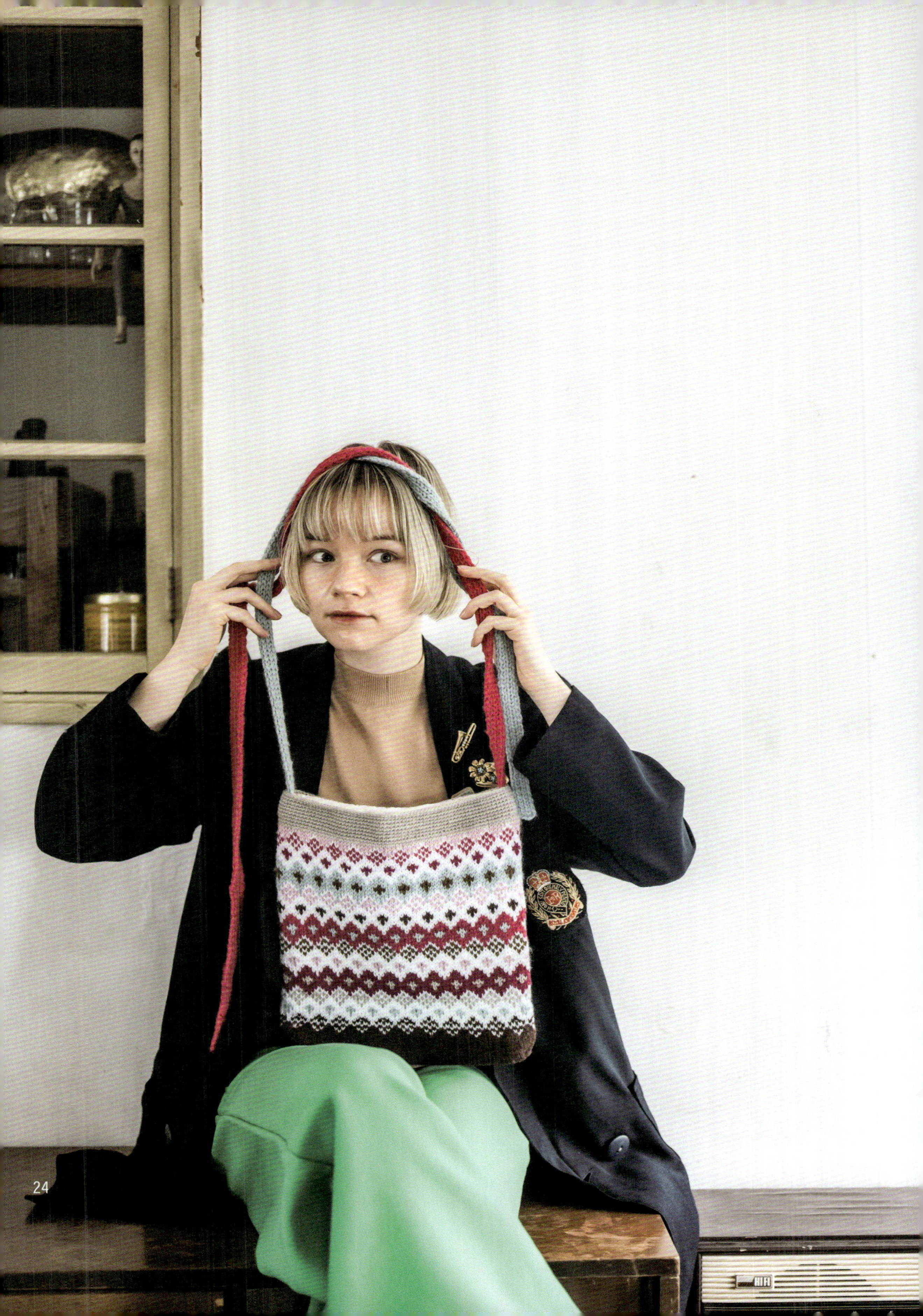

## クロス柄のリボンバッグ

使用糸…リッチモア パーセント

How to make…P.64

つま先から編む靴下のように編み始めるバッグです。リボンを短めに結んでショルダーに、長めに結んで斜め掛けに…。P.14のバッグと同じ１４４目なので、ゲージを合わせてかぎ針の楕円底から編むこともできます。

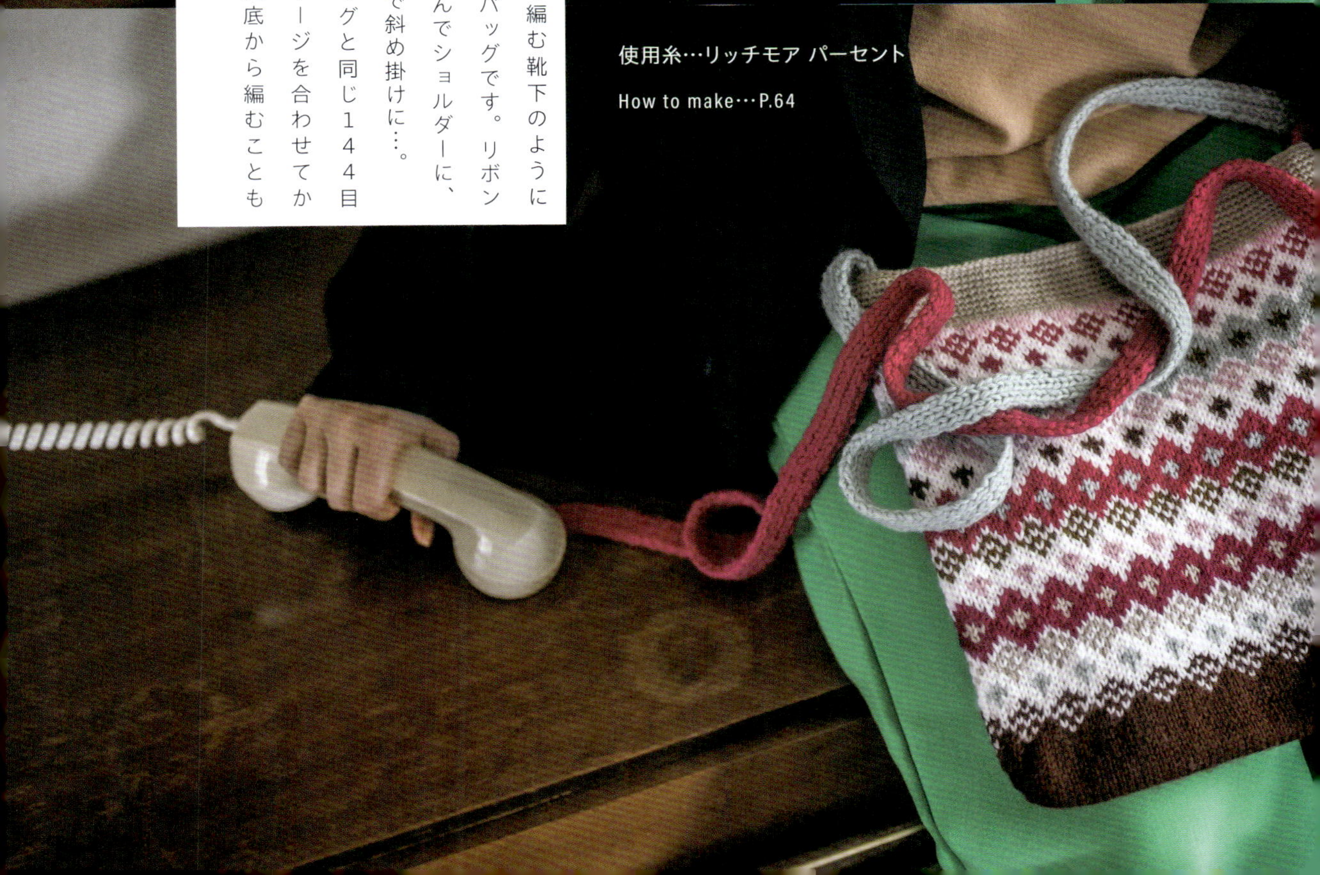

# ドットキャップ

P.23のマフラーとお揃いの帽子。裏側は最大8目分糸が横に渡りますが、気になる方は途中で糸をはさみ込みながら編んでください。
キュートな柄ですが、あえて渋めの配色で編むのも良いと思います。

使用糸…DARUMA エアリーウールアルパカ

How to make…P.68

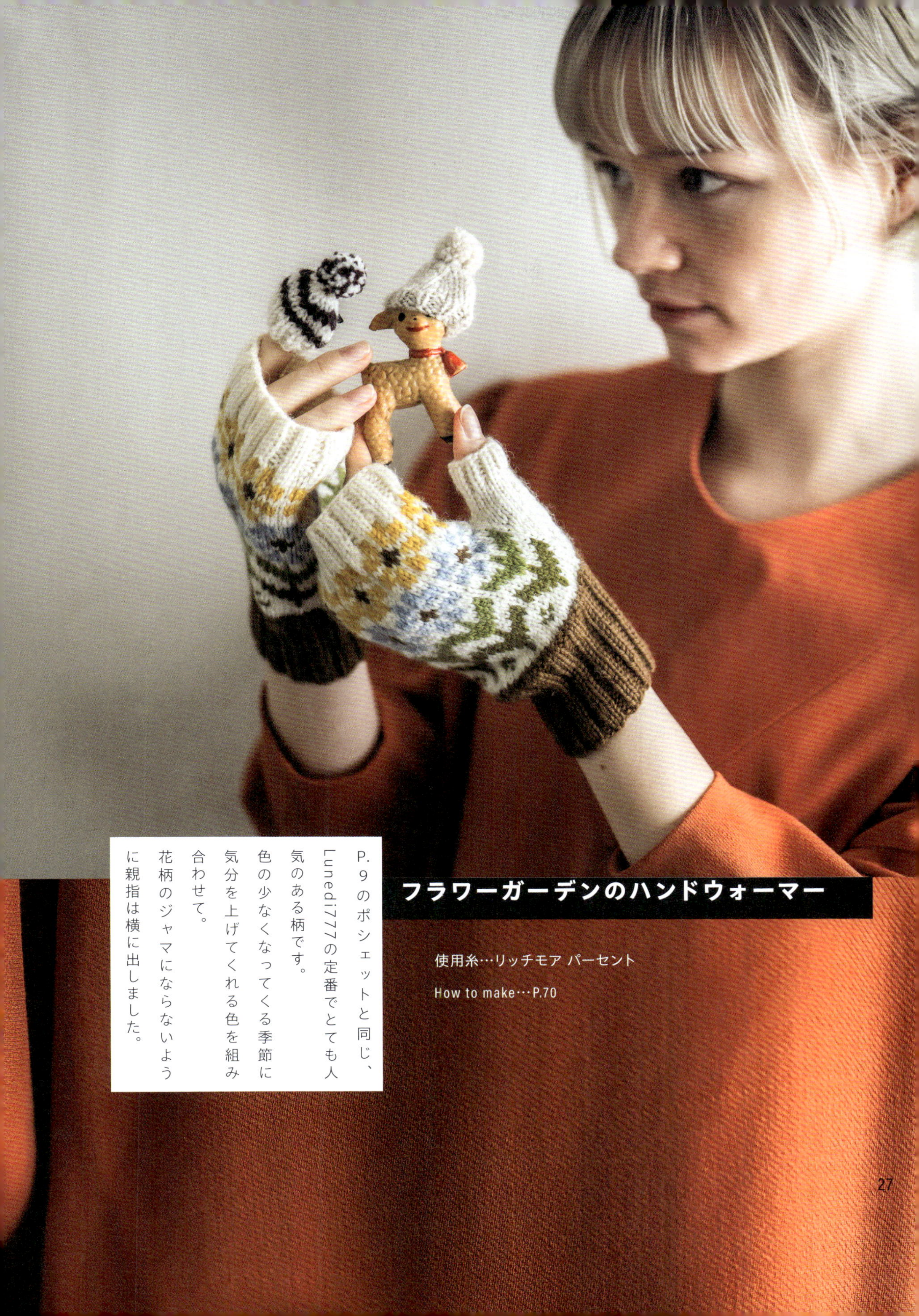

## フラワーガーデンのハンドウォーマー

P.9のポシェットと同じ、Lunedi777の定番でとても人気のある柄です。
色の少なくなってくる季節に気分を上げてくれる色を組み合わせて。
花柄のジャマにならないように親指は横に出しました。

使用糸…リッチモア パーセント

How to make…P.70

# [WINTER]

# 冬のブローチ

小人のニットシリーズです。実際の靴下や帽子、ミトンの余り糸で編むのも良いですね。同じ編み方でも色合わせで雰囲気が変わるので、何個も編んでみたくなります。オーナメントにしてもかわいいです。

使用糸…（WINTER）sawada itto こねり

（a·b·c 帽子）DARUMA シェットランドウール

（d·e·f 靴下）DARUMA エアリーウールアルパカ

（g·h ミトン）ハマナカ 純毛中細

How to make…P.80, 87, 88

ハマナカ エクシードウールFL《合太》

How to make…P.72

# アニマルハンドウォーマー

色数を抑えた2色の編み込みなので柄をにぎやかにしました。花や蝶、動物たちの森のパーティーです。変則的な編み込みなので集中して編んでいるうちに編みあがります。親指は別糸を編み入れるタイプ。

## ラウンド＆スクエアモチーフバッグ

ふわふわのホイップとベリー系のジュレをトッピングしたようなおいしそうなイメージのモチーフをつなぎ、アウターやブーツに合わせやすいグレーでまとめました。木の持ち手がレトロな雰囲気を醸し出しています。



使用糸…ハマナカ アメリー

How to make…P.74

使用糸…ハマナカ アメリー

How to make…P.78

## ラウンド＆スクエアモチーフブランケット

前ページのバッグと同じく、丸を四角につないだモチーフのブランケット。
つなぐ段をくさり編みベースにし、玉編みを減らして軽やかに。
配色で雰囲気も変わりました。
多色づかいですが、ナチュラルホワイトでやさしくまとめました。

HAVE A
GOOD
SLEEP

## グッドスリープ湯たんぽカバー

湯たんぽの形に合わせて底が丸くなるように工夫しました。ひもを通す部分は二重になっているので、丈夫で長く使っていただけると思います。手編みのカバーに入った湯たんぽでぬくぬくと

HAVE A GOOD SLEEP！

使用糸…DARUMA シェットランドウール

How to make…P.76

COLUMN

# 色選びのヒント

海の近くに住み、編み物の合間に庭仕事や家庭菜園を楽しんで…。
そんな日々の暮らしの中で見つけた美しいもの、癒されるものをヒントに色を選んでいます。
自分では思いつかなかった意外な組み合わせも、気に入らなければほどけばいい！ の精神でチャレンジしています。

まずは単色から。自然界に存在する色をいつも無意識に選んでいると思います。例えば鳥の羽根の茶色、貝殻のピンク…。家庭菜園で収穫した鮮やかな野菜たちも色のお手本です。

配色するときにまず一番失敗が少ないのは、同系色の組み合わせだと思います。アジサイの中にある青系やジニアのピンク系、ビーツのオレンジや赤紫を抽出して集めてみました。

2色の組み合わせは隣り合う色から。フウセンカズラの種の入った果実が乾燥していく色の変化を見て、黄緑→ベージュ→茶色のグラデーションの美しさに気づきました。レタスの葉は、パープル×緑のモチーフに。

桃の産毛、プラムやマスカットのブルームなど、フルーツの質感がマットカラーの組み合わせの参考に。また、オレンジはほとんど使わない色でしたが、マリーゴールドを育ててみたら濃淡オレンジが大好きになりました。

大切なのは、
自分が
心地いいこと

ときには大胆な組み合わせにもチャレンジ。紅芯大根の断面をヒントに、同じ色の組み合わせでモチーフを編んでみました。新緑のタイムに咲いたピンクの花も、反対色で心地いい組み合わせの例。

日常や旅先の風景、ドラマや映画からヒントをもらうこともあります。例えば、砂浜のベージュと波の泡の白と海の青の濃淡、建物の隣り合う色など。人工物と自然の組み合わせにもハッとする瞬間があります。

COLUMN

# 余り糸どうする？問題

いろいろな色を使って編むことが多いので、とにかくたくさんの半端糸がでます。編み込みやモチーフつなぎの作品を編んで残った糸は、長さごと、素材ごとにざっくり分別しておきます。
小さなブローチなどを編んでもさらに余った糸は、ラッピングやプレゼント用に。
最後は掃除に使って糸生を全うしてもらえたら、編み人としてもうれしいですよね。

30cmもないような少しの糸、ウールなどの秋冬糸、綿や麻などの春夏糸に分けて大きめのジャム瓶に保管しています。ある程度の長さのある糸は、他の糸と組み合わせて配色モチーフに。ラッピングにも使えます。

編むだけでなく
スパイス的な
アイデアも

短い糸はタグのひもにして最後まで使い切ります。

小花をたくさん編みためて、同系色でまとめておくのもおすすめ。組み合わせによっていろいろな花に見立てて、ブローチにしたりフレームにして飾ったり。

バラバラの色味の糸は、1〜2段で編める小さな丸モチーフに。同じ大きさで編みながらつないだり、大小組み合わせて後から貼り合わせたり。残りわずかな糸は、立体モチーフの詰め物にしてしまうことも。

## 長さごと、素材ごとに最後まで使い切る

小さなブローチを編んでも余る糸は、ブローチピンの縫いつけに使うことも。編みかけブローチもよく作っています。他に、ミトンの親指部分の別糸として使うこともあります。

リリヤンやスレッドコードなど、細いひもを編んでおくのもおすすめ。花束やドライフラワーを束ねるのに使っています。最後はたわしに。アクリルに限らず、糸の太さも気にせずザクザク編んで掃除に使っています。

# THREAD
## 作品に使用した糸

### オリムパス

**01** **エミーグランデ** 50g 綿100%
50g玉巻／約218m／レース針0号～かぎ針2/0号
**エミーグランデ〈カラーズ〉** 10g 綿100%
10g玉巻／約44m／レース針0号～かぎ針2/0号

**02** **金票40番レース糸** 10g 綿100%
10g玉巻／約89m／レース針6～8号

### ごしょう産業 毛糸ピエロ

**03** **コットンニィート（S）** 綿100%
40g玉巻／約90m／棒針5～7号・かぎ針4/0～6/0号

### sawada itto

**04** **こねり** リネン60%、コットン40%
50g玉巻／約220m／棒針2～4号・かぎ針2/0～4/0号

### DARUMA

**05** **ニッティングコットン** 綿100%
50g玉巻／約100m／棒針6～8号・かぎ針7/0～8/0号

**06** **レース糸#20** 綿100%
50g玉巻／約210m／かぎ針2/0～3/0号

**07** **エアリーウールアルパカ** ウール80%、アルパカ20%
30g玉巻／約100m／棒針5～7号・かぎ針6/0～7/0号

**08** **シェットランドウール** ウール100%
50g玉巻／約136m／棒針5～7号・かぎ針6/0～7/0号

### ハマナカ

**09** **ウオッシュコットン《クロッシェ》** 綿64%、ポリエステル36%
25g玉巻／約104m／かぎ針3/0号

**10** **アメリー** ウール70%、アクリル30%
40g玉巻／約110m／棒針6～7号・かぎ針5/0～6/0号

**11** **エクシードウールFL《合太》** ウール100%
40g玉巻／約120m／棒針4～5号・かぎ針4/0号

**12** **ハマナカ純毛中細** ウール100%
40g玉巻／約160m／棒針3号・かぎ針3/0号

### [hus:]

**13** **Annie（アニー）** コットン100%
100gコーン巻／約290m／棒針4～7号・かぎ針4/0～5/0号

### リッチモア

**14** **パーセント** ウール100%
40g玉巻／約120m／棒針5～7号・かぎ針5/0号

*01～14とも、糸名／品質／仕立て／糸長／適合針の順に表記
*写真は実物大、2025年1月現在

## 作品を編む前に・編むための用具

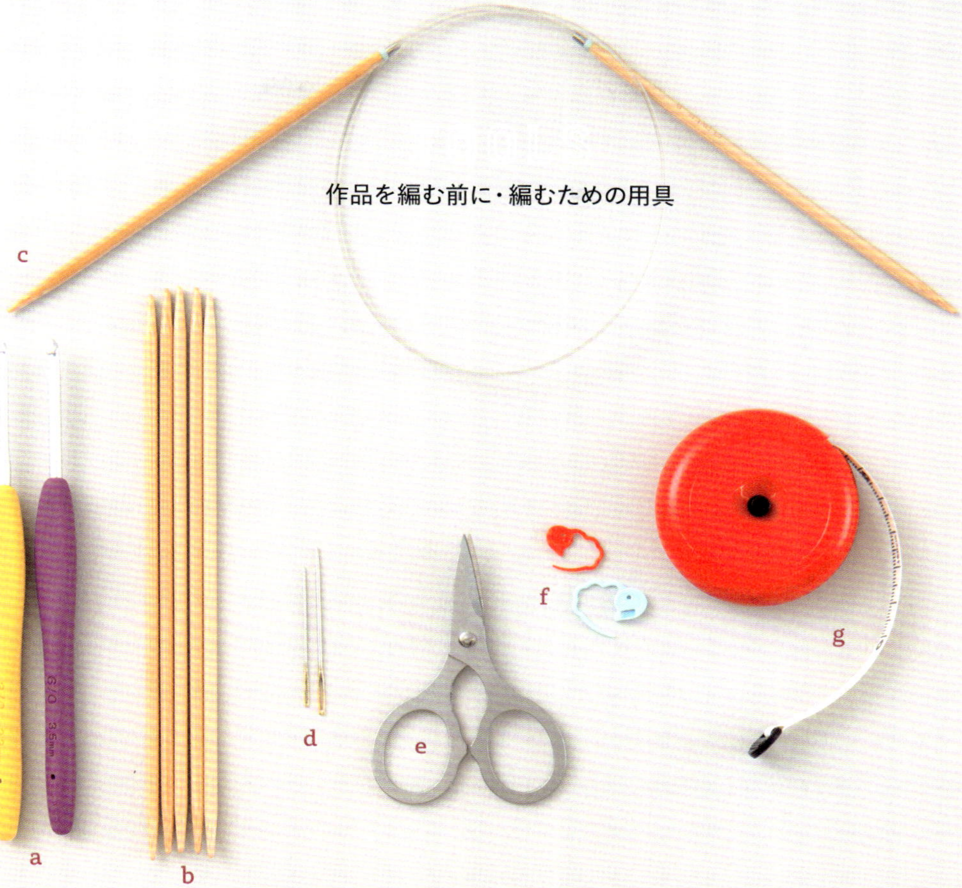


**a　かぎ針**
針先がかぎ状になっていて、そこに糸を引っかけて編んでいきます。2/0号、3/0号と号数が大きくなるごとに針が太くなります。同じ形状で2/0号より細い針はレース針と呼ばれ、0号、2号と号数が大きいほど細くなります。

**b・c　棒針**
2本の棒を両手に持ち、左の針から右の針へ目を移して編んでいきます。bは5本針、cは輪針。どちらも往復編みも輪編みもできます。作り方ページには基本的に区別は表記していないので、自分の使いやすいものを選んで。0号、1号と号数が大きいほど太くなります。

**d　とじ針**
仕上げの糸始末などに使います。糸の太さに合わせて選んで。作り方ページには表記していませんが必ず使います。

**e　はさみ**
糸を切るのに使います。先が細くてよく切れる手芸用がおすすめ。作り方ページには表記していませんが必ず使います。

**f　ニットマーカー**
段数や目数の目印などに糸に引っかけて使います。お好みで使います。

**g　メジャー**
サイズの確認に使います。

**作り方ページについて**

- 編み方の基礎はP.92からの編み方の基礎をご覧ください。
- 図中の数字の単位はcmです。
- 糸の使用量は作品制作時の目安です。手加減によって必要糸量が大きく変わることがあります。
  心配な場合は多めにご用意いただくことをおすすめします。
- 作品のサイズは編む手加減で変わります。
  サイズ通りに仕上げたい場合は、表示のゲージに合わせて針の号数を替えて調整してください。
  （編みあがりが小さい場合は針の号数を上げ、大きい場合は針の号数を下げます）

# LESSON

かぎ針編み

**PHOTO P.6**　花モチーフのコースター

**材料と用具**
〔hus:〕　Annie(アニー)
※各色と使用量は図参照
かぎ針5/0号

**できあがりサイズ**
9cm×9cm

**編み方のポイント**
●輪の作り目で編み始め、図を参照して配色を変えながら8段編む。

モチーフa～e 配色表と使用量

|   | …2g | …2g | …3g |
|---|---|---|---|
| a | ピーコックブルー | きなり | リーフグリーン |
| b | グレー | きなり | ネイビー |
| c | リーフグリーン | きなり | ピーコックブルー |
| d | トマト | きなり | グレー |
| e | ネイビー | きなり | テラコッタ |

▷ =糸をつける
▶ =糸を切る

段の編み終わりの引き抜き編み

十 =細編み目
T =中長編み目
⊤ =長編み目
⊤ =長々編み目
V =細編み2目編み入れる
V =長編み2目編み入れる
● =引き抜き編み目
◯ =鎖目
(わ) =指に糸を巻いて輪にする作り目

段数表示
モチーフの編み終わり
編み始めの作り目
段の編み始めの立ち上がり

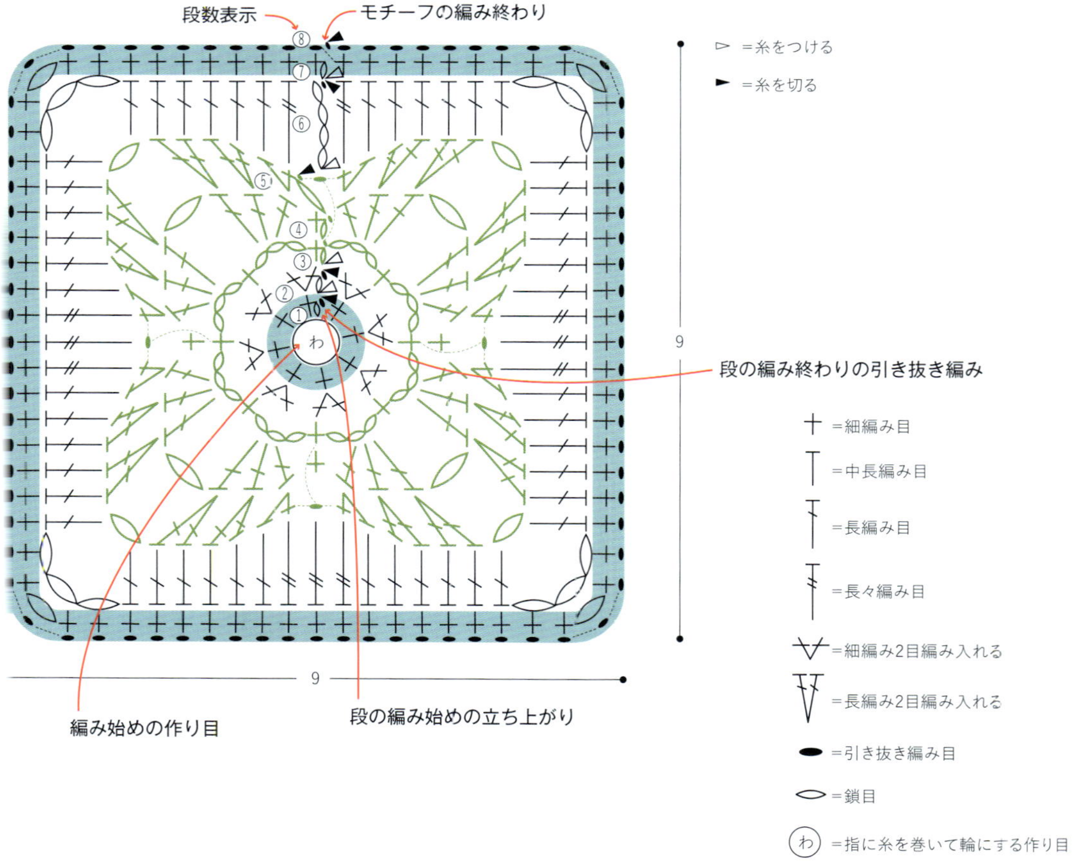

## 輪の作り目

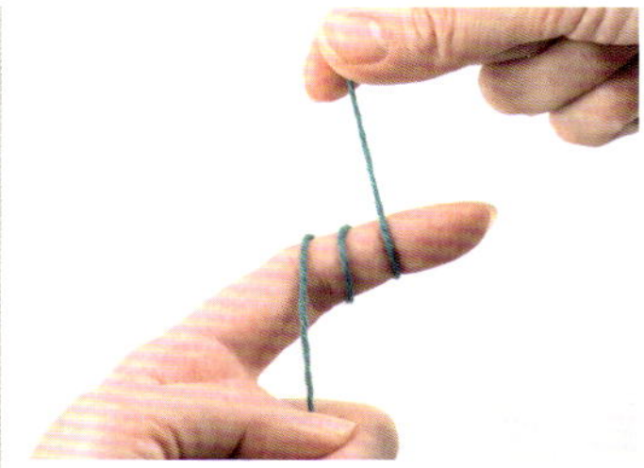

1 左手の人さし指に、糸を2回巻きつけます。

2 輪が崩れないように押さえながら、輪を指からはずします。

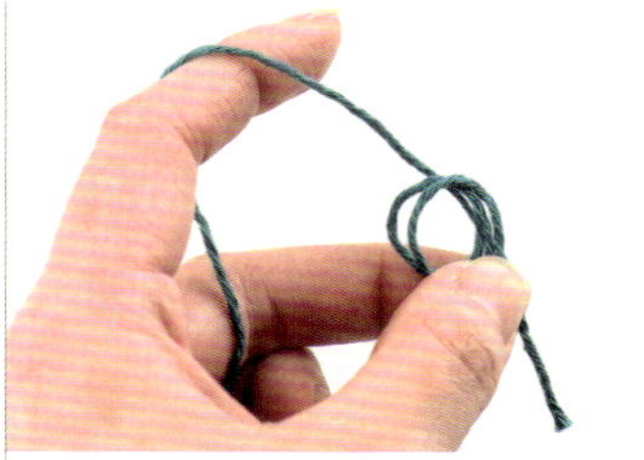

3 左手に糸をかけてから、輪の交点を親指と中指で押さえて持ち替えます。

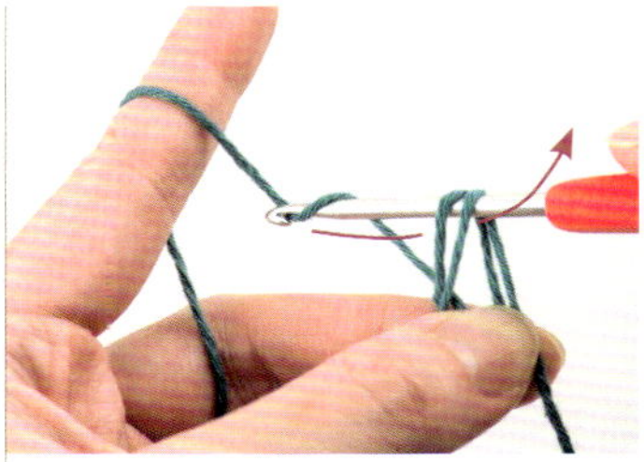

4 輪の中にかぎ針を入れ、糸をかけて引き出します。

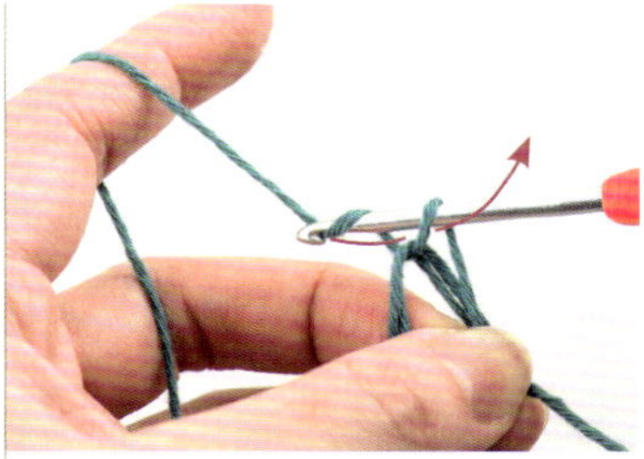

5 もう一度糸をかけて引き出して、引きしめます。

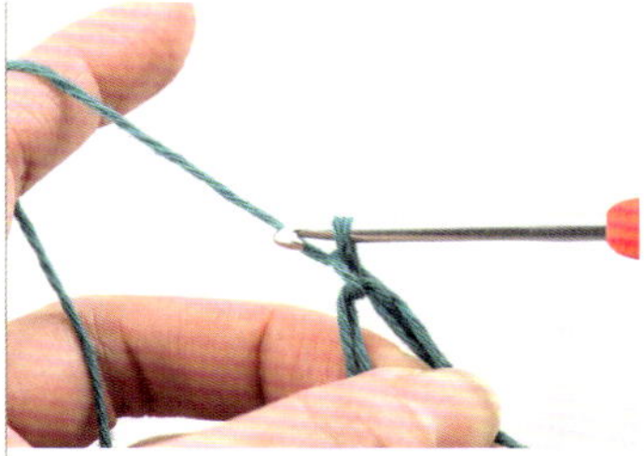

6「指に糸を巻いて輪にする作り目」ができました。この目は1目と数えません。

## 1段め 立ち上がりの鎖

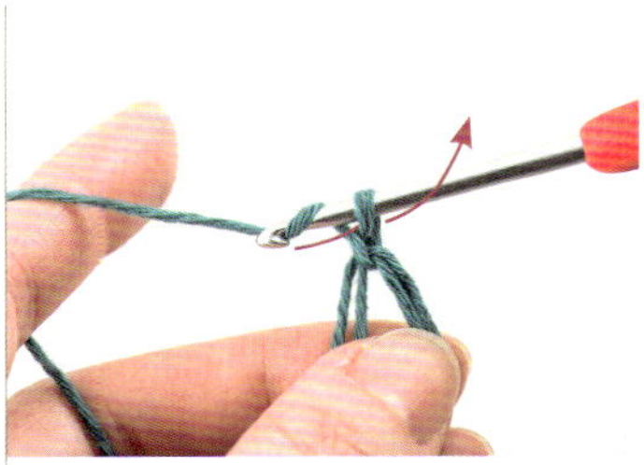

7 まずは立ち上がりの鎖1目を編みます。

♡ 鎖編みの編み方→

## 細編み

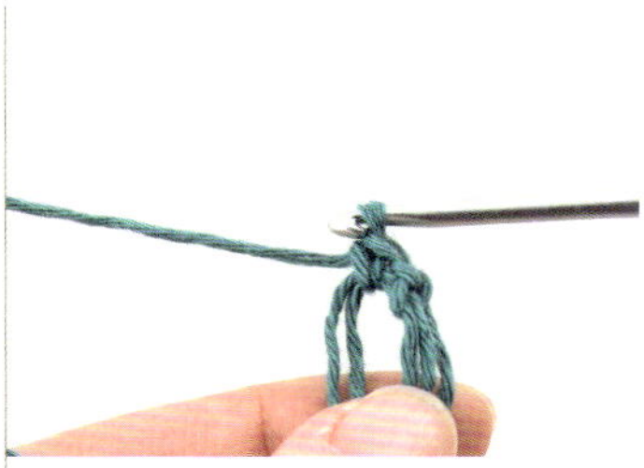

8 輪の中に針を入れて細編みを編みます。

♡ 細編みの編み方→

9 輪の中に細編みを8目編み入れました。

## 作り目の輪を引きしめる

10 かぎ針を目からはずします。糸端を少し引くと、2本の糸のうち1本(●)が動きます。

11 10で動いた糸(●)を引くと、もう1本の糸(◎)が動くので、輪を引きしめます。

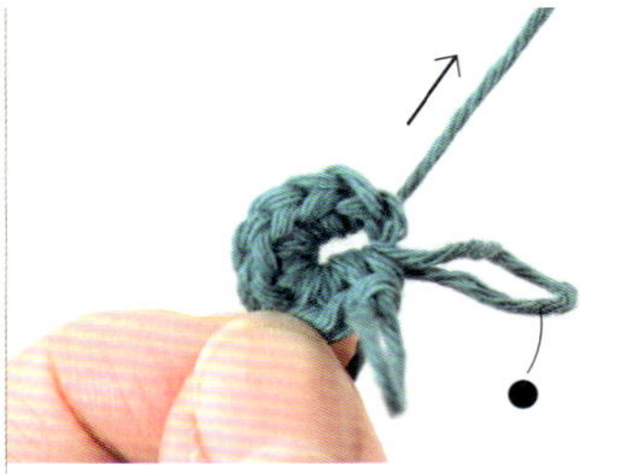


12 もう一度糸端を引いて、11で引いた糸(●)を引きしめます。

## 引き抜き編み・糸をつける

13 作り目の輪がしまりました。かぎ針を編み目に戻し、編み始めの細編みの頭に入れ、糸をかけて引き抜きますが、次の段から色が変わるので、新しい糸をかけて引き抜きます。

## 2段め 細編み2目編み入れる

14 鎖1目で立ち上がり、13で針を入れた前段の細編みの頭に細編みを2目編み入れます。

15 1段めの細編み8目に2目ずつ細編みを編み入れ、16目になりました。最後の引き抜き編みで新しい糸に変えます。

## 3段め

16 記号図通りに3段めを編みました。

## 4段め

17 鎖1目で立ち上がり、細編みを1目編んだら、針に糸をかけて前段の鎖3目の下の空間に針を入れます。

## 長編み

18 長編みが1目編めました。同じところにあと2目長編みを編みます。

♡ 長編みの編み方↑

## 長編み3目を束に編み入れる

19 同じところに長編みを3目編みました。前段の空間に針を入れて編むことを「束《そく》に編む」といいます。

20 同様に、記号図通りに4段めを編みました。

## 5段め

21 鎖1目で立ち上がり、細編みを1目編みます（前段の最初の細編みではなく、次の長編みの頭に編むので注意）。針に糸をかけて、細編みを編んだ同じ目に針を入れます。

## 中長編み

22 細編みと同じ目に中長編みが1目編めました。続けて記号図通りに編みます。

♡ 中長編みの編み方↑

## 前々段の頭を拾って引き抜き

23 5段めの最初の引き抜き編みの手前まで編みました。次の引き抜き編みは、前々段の頭を拾って編みます。

24 前々段の頭を拾って引き抜き編みが1目編めました。続けて同様に、記号図通りに編みます。

6段め

25 5段めの最後の引き抜きを編んだら、糸端を10cmほど残して切り、針のかかっていた目を広げて、糸端を通します。

26 前々段の頭を拾った引き抜き編みに針を入れ、6段めの糸をかけて引き抜き、糸をつけます。

27 鎖4目で立ち上がり、針に糸を2回巻いて、前段の最初の細編みの頭に針を入れます。

## 長々編み

28 長々編みが1目編めました。続けて同様に、記号図通りに編みます。

♡ 長々編みの編み方↑

29 6段めの最後は立ち上がりの鎖4目めの半目と裏山に針を入れ、7段めの糸に変えて引き抜きます。

7段め

30 鎖1目で立ち上がり、細編みで編みます。角は鎖1目編みます。7段めが編めました。

## 8段め　最後の目のつなぎ方

8段めの最後は、各段の編み終わりのように最初の目に引き抜いてもいいですが、最後の引き抜きの代わりにとじ針でつなぐ方法を紹介します。

31 前段の最後の細編みに引き抜いた目をそのままループを広げ、10cmほど残して切った糸端を通します(25参照)。

32 とじ針に糸端を通し、2目めの引き抜き目に針を通します。

33 最後に編んだ目の中にとじ針を戻します。糸を2本すくって編み地の裏側に針を出します。

## 糸始末

34 鎖1目分の大きさになるように糸を引き、編み始めと編み終わりの目がつながりました。

35 モチーフを裏へ返し、同色のところへ表にひびかないようにとじ針を編み目にくぐらせます。

36 糸端を2cmほどくぐらせたら、糸端を編み目のギリギリで切ります。他も同様に始末します。

LESSON  棒針編み PHOTO P.9

## フラワーガーデンポシェット

（編み図P.48）

### 作り目を輪にする

ここでは5本針を使う方法を紹介します。

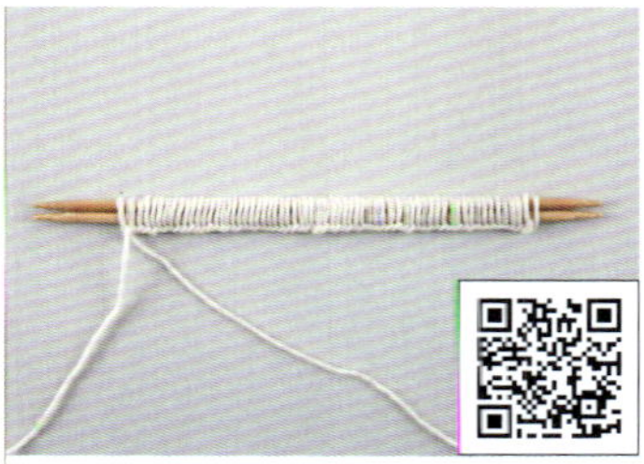

1 7号針2本を使って、指でかける作り目で64目作ります。

♡ 指でかける作り目↑

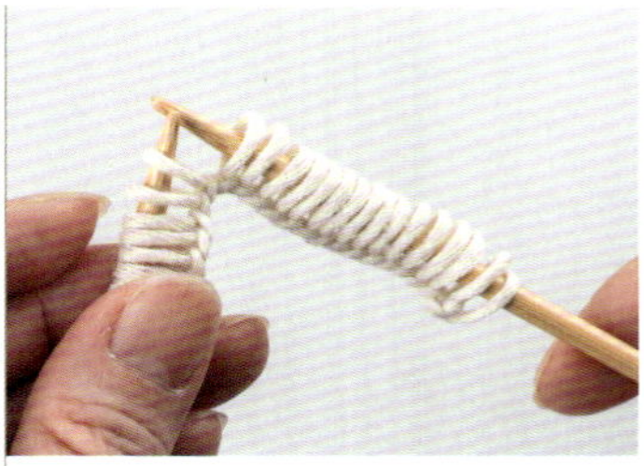

2 針を1本抜き、1目1目移して、1つの針に16目ずつにします。

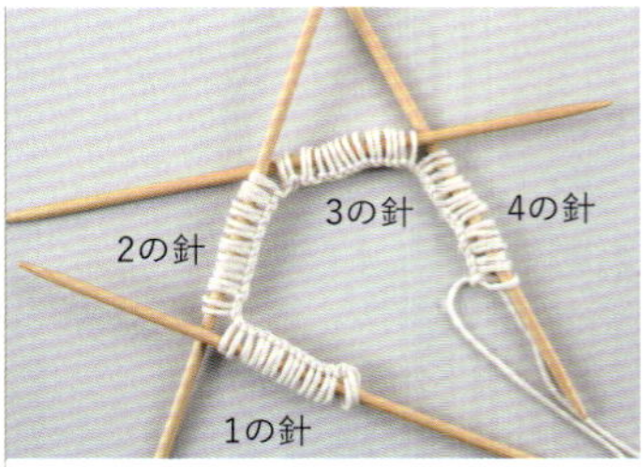


3 4本の針に16目ずつに分けました。目がねじれないように注意して、作り目の表側が外に向くように輪にします。

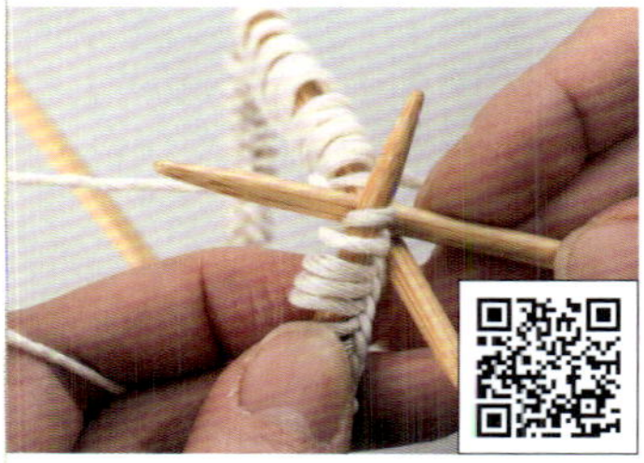

4 ここから2段めです。編む糸を左手にかけて、5本めの棒針を編み始めの1目めに入れ、表目で編みます。 ♡ 表目↑

5 表目1目編み、輪につながりました。針の間がゆるまないように注意して、続けて編みます。

6 4本の針を編み、2段めが編めました。

### 糸を横に渡す編み込み模様

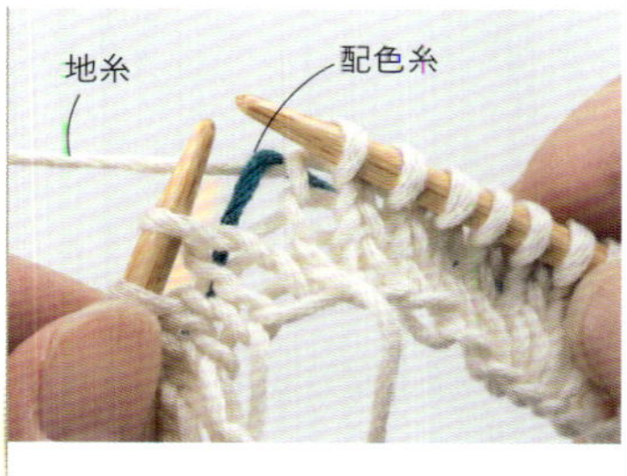


7 4段めの最後の目を編む前に、地糸の上に配色糸をのせてはさみ込み、最後の目を地糸で編みます。

8 5段めの最初の目は配色糸で編みます。配色糸を地糸の上にし、配色糸を左手にかけて配色糸で1目編みます。

9 次の目は地糸を配色糸の下からとり、地糸を左手にかけて地糸で5目を編みます。

10 7目めは再び配色糸を地糸の上からとり、配色糸で編みます。常に「地糸が下、配色糸が上」で編みます。

11 7目めまで編んだところです。裏に糸が渡っているのがわかります。裏に渡る糸を引きすぎないように注意しながら編みます。

### 渡り糸をはさみ込む

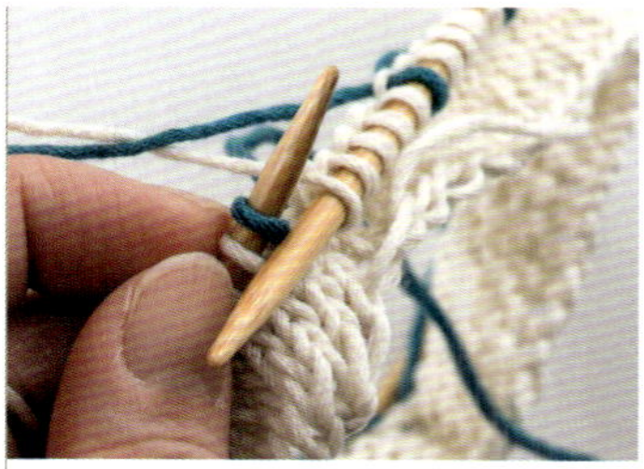

12 5段めの最後まで編み、次は6段めですが、配色糸が長く渡るので、ここで一度配色糸を地糸の上にはさんでから、地糸で6段めの最初の目を編みます。

13 6段めの1目めを地糸で編みました。

14 13を裏から見たところ。地糸の間に配色糸がはさみ込まれているのがわかります。糸が長く渡る箇所ではこのように糸をはさみ込みながら編みます。

15 同様にして10段めまで編んだところ。

16 15を裏から見たところ。このように裏に糸が渡ります。

## 伏せ止め

17 48段まで編んだら、次は伏せ止めです。2目を表目で編み、1目めを2目めにかぶせます。「1目編んでかぶせる」をくり返します。

♡ 伏せ止め↑

## きれいなつなぎ方

18 伏せ止めが終わりました。ここでは、とじ針できれいにつなぐ方法を紹介します。糸端を10cmほど残して切り、針にかかっているループを引き抜きます。

19 とじ針に糸を通し、伏せた2目めに針を入れます。

20 最後に編んだ目の中にとじ針を戻し、編み地の裏側に針を出します。糸を引いて整えると1目めの上に鎖目ができ、きれいにつながります。

## かぎ針で糸をつける

21 次の段からはかぎ針で編みます。端の目の頭2本にかぎ針を入れ、新しい糸をつけて引き出します。鎖1目で立ち上がり、記号図通りに編んでいきます。

## かぎ針で底をとじる

22 ポシェットの上側が全部編めたら、最後に底側を編みます。作り目の32目めと33目めに印をつけておきます。

23 そのまま外表の状態で二つ折りにして、32目めには表から、33目めには裏からかぎ針を入れます。針に糸をかけて手前に引き出すと、糸がつきます。

24 鎖1目で立ち上がり、同様に31目めと34目め、30目めと35目めというように、手前と向こう側の2目ずつを拾いながら細編みを編んでいきます。

PHOTO P.9 **フラワーガーデンポシェット**

**材料と用具**

ごしょう産業 毛糸ピエロ　コットンニィート(S)
　アイボリー(02)15g　ベリーピンク(27)・
　シュリンプピンク(28)各10g　ベビーブルー(12)・
　ターコイズグリーン(13)・テールグリーン(14)各5g
直径11mmのボタン 1個
棒針7号・かぎ針5/0号

**できあがりサイズ** / 幅12.5cm　深さ18cm

**ゲージ** / 10cm平方で編み込み模様 25.5目×29段

**編み方のポイント**

- 本体は指でかける作り目で64目作り、輪の状態にする。図を参照して糸を横に渡す編み込み模様で48段編み、伏せ止めする。3色で編み込み模様を編む段は渡り糸が絡まないように注意する。続けてかぎ針の細編みで2段編む。この際2段めはボタンループを作りながら編む。続けて肩ひもを編む。
- 本体を重ねた状態で底の部分に細編みを1段編む。
- ボタンを前側の指定の位置に縫いつける。

（編み図）…編み方をわかりやすく整理したもの。実際は輪で編んでいても、図では脇で開いて平面で示しています。

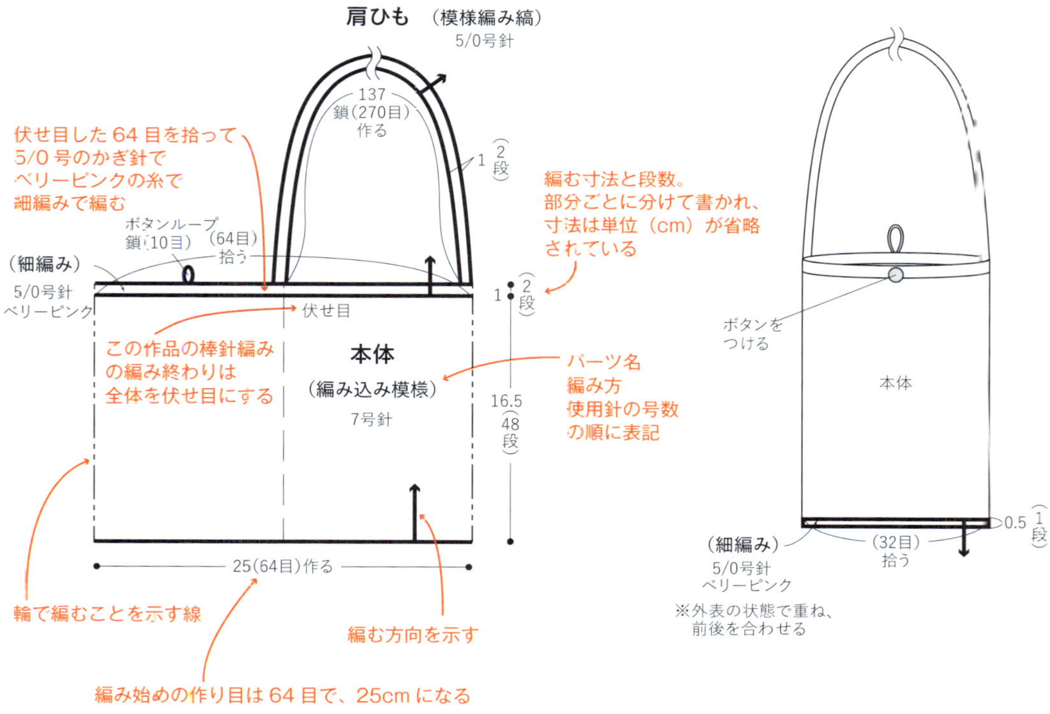

（記号図）…編み図の情報を編み目記号（マス目＝1目）で表した図。
編み図の目数・段数・増し目・減目などが反映されています。
表から見た状態で書かれているので、往復編みのときは偶数段の記号図を
反対（表目→裏目／裏目→表目）で編む必要があります。

「記号のないマスはすべて表目で編む」ことを示す

□＝⊡ 表目

配色
- □＝シュリンプピンク
- □＝ベビーブルー
- ■＝ベリーピンク
- ⊙＝テールグリーン
- ■＝ターコイズグリーン
- □＝アイボリー

▷＝糸をつける
▶＝糸を切る

## 模様編み縞

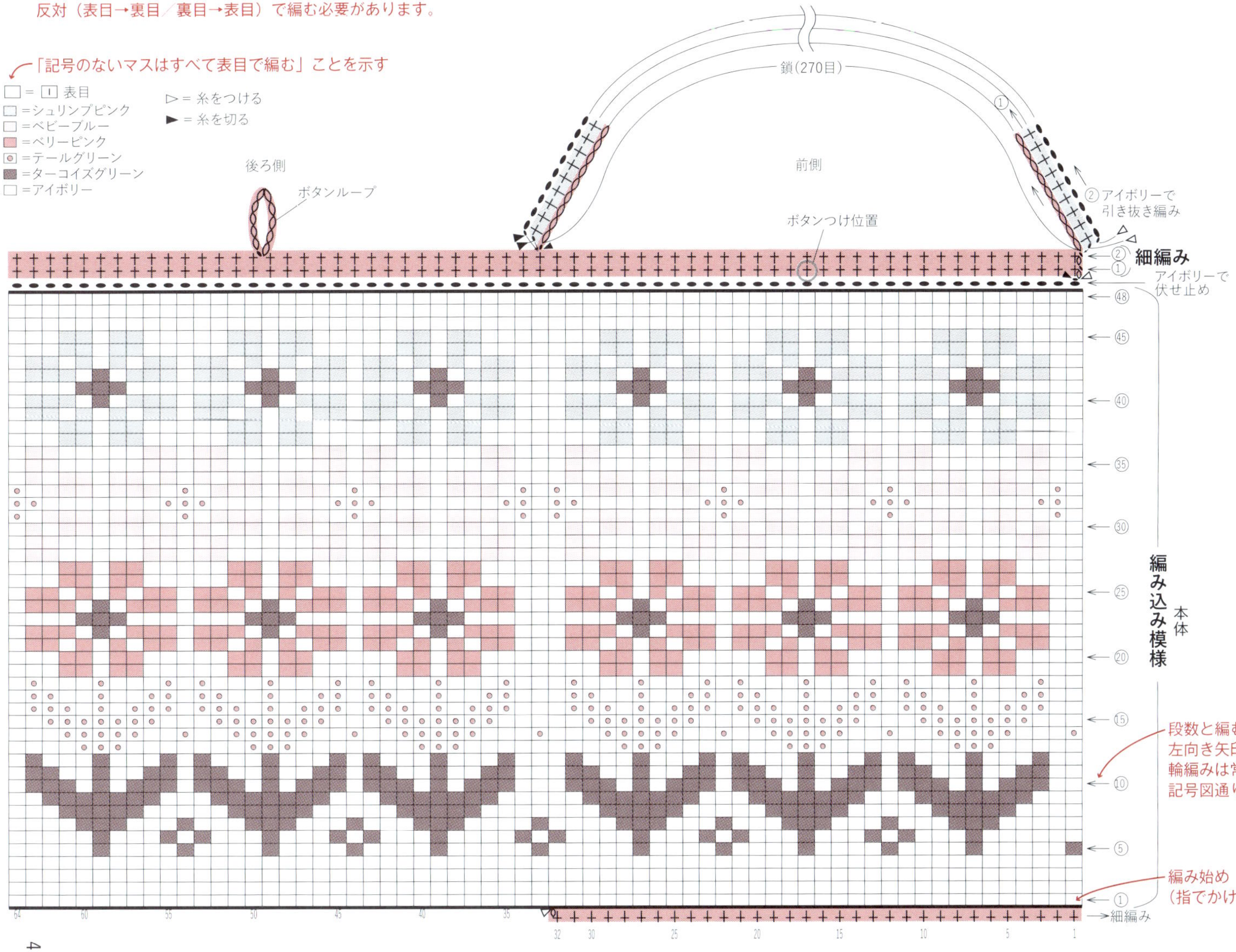


段数と編む方向。
左向き矢印は表から編む段。
輪編みは常に表を見て編むので
記号図通りに編めばOK

編み始め
（指でかける作り目＝1段め）

PHOTO P.16-17 **レーシーフラワーのクッションカバー**

### 材料と用具

オリムパス　エミーグランデ
　生成り(851)20g　こげ茶(739)・ライトグレージュ(811)・
　モスグリーン(288)・水色(341)各15g　からし色(582)10g
直径10mmのボタン 3個
30cm×30cmのヌードクッション1個
かぎ針2/0号

**できあがりサイズ** / 縦30cm　横30cm

**ゲージ** / モチーフ 7cm×7cm

**編み方のポイント**

●モチーフは輪の作り目で編み始め、図を参照して配色を変えながら4段編む。2枚めからは4段めで隣のモチーフとつなぎながら編み、全部で16枚を編みつなぐ。縁編みAは指定の位置に糸をつけ、モチーフのまわりに2段編む。

●表面と裏面を外表に重ね、裏面を見ながら縁編みBを編む。開き口以外は前後合わせた状態で編み、開き口はボタンループを編みながら編む。

●ボタンは指定の位置に縫いつける。

**モチーフA〜D** 各8枚

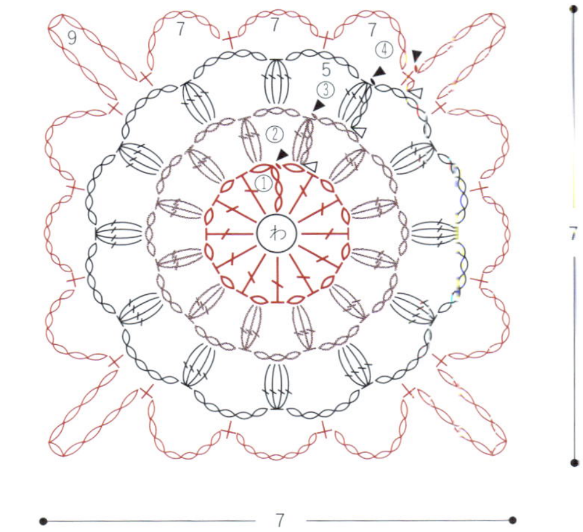


▷＝糸をつける
▶＝糸を切る
＝長編み3目の玉編み（束に拾って編む）
＝長編み4目の玉編み（束に拾って編む）

モチーフ配色表

| | A | B | C | D |
|---|---|---|---|---|
| 4段 | こげ茶 | | ライトグレージュ | |
| 3段 | モスグリーン | 水色 | モスグリーン | 水色 |
| 2段 | 生成り | | | |
| 1段 | 黄 | | | |

**裏面**（モチーフつなぎ）

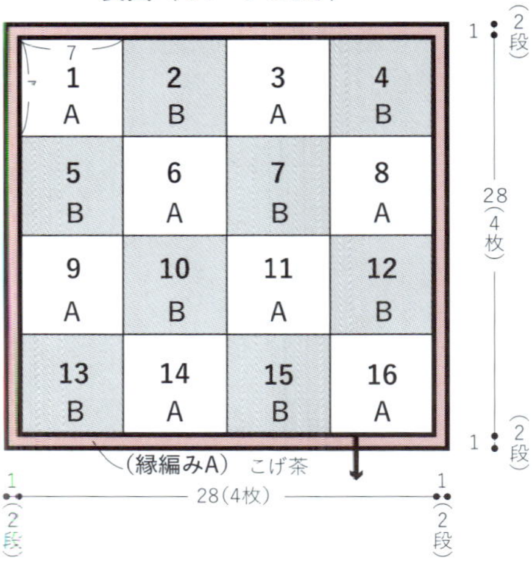


**表面**（モチーフつなぎ）

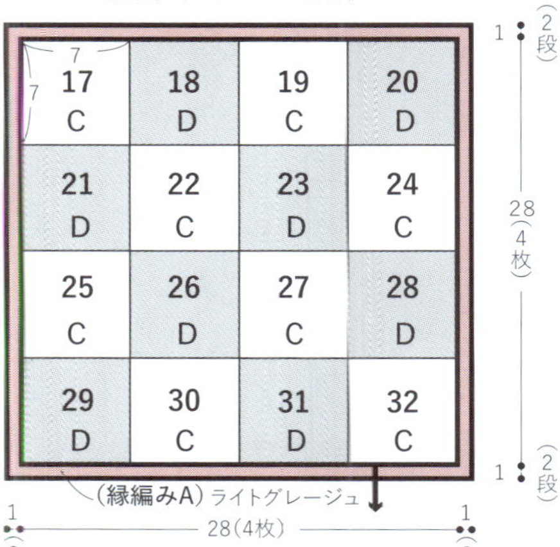


※図中の数字は編む順序
※すべて2/0号針で編む

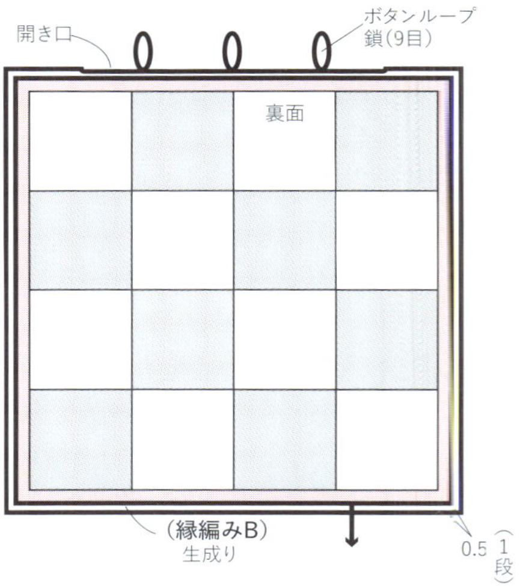


※縁編みBは表面と裏面を外表に重ね、前段の中長編み目と鎖目の外側半目同士を拾って編む。開き口は裏面にボタンループを作りながら前段の向こう側半目を拾って編む

モチーフのつなぎ方と縁編みA、B

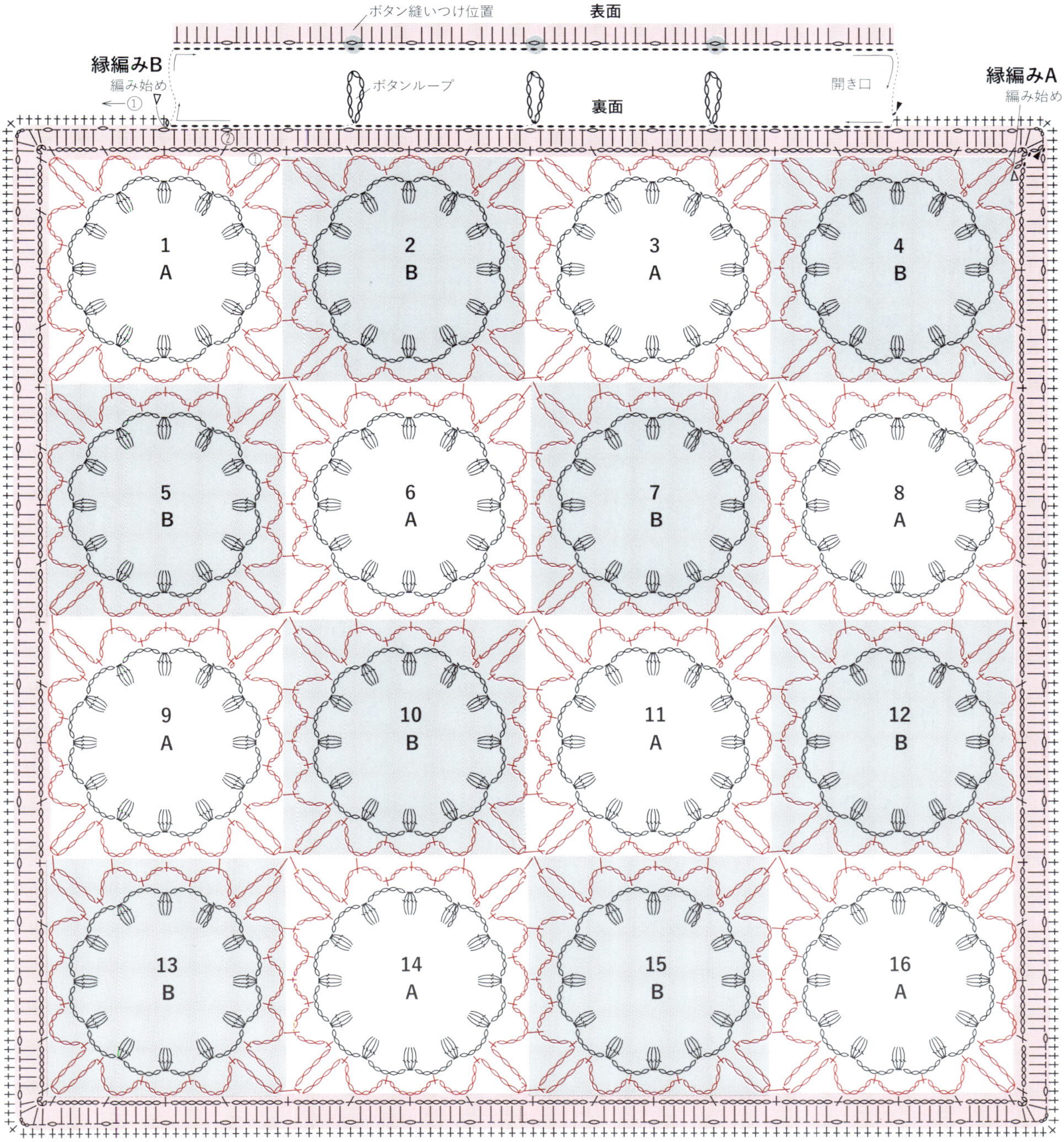

PHOTO P.8 **シャーベットショール**

**材料と用具**

sawada itto　こねり

すずらん(1)40g　和三盆(5)35g　勿忘草(17)30g

桜(8)・山ぶどう(13)各20g

かぎ針3/0号

**できあがりサイズ** / 横121cm　縦69cm

**ゲージ** / モチーフA 直径8.5cm　モチーフB 直径2cm

**編み方のポイント**

●モチーフBは輪の作り目で編み始め、図を参照して1段編む。これを各色必要枚数編む。

●モチーフAは輪の作り目で編み始め、図を参照して4段めでとなりのモチーフとモチーフBと細編みでつなぎながら編み進める。図を参照して57枚までつないで編む。

●縁編み縞は指定の位置に糸をつけて、まわりにぐるりと2段編む。

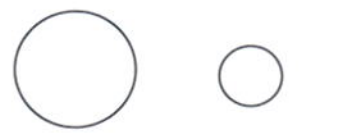


**モチーフB**

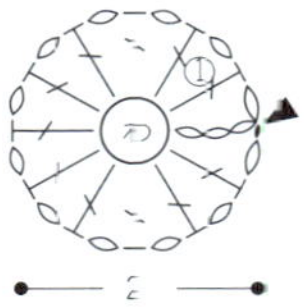


**モチーフA**

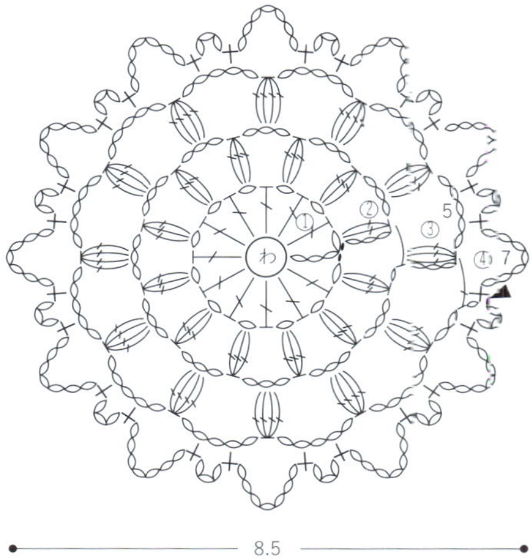


▶ = 糸を切る

= 長編み3目の玉編み（束に拾って編む）

= 長編み4目の玉編み（束に拾って編む）

モチーフA、B 色と枚数

| | 色 | モチーフA | モチーフB |
|---|---|---|---|
| a | すずらん | 16枚 | 9枚 |
| b | 桜 | 8枚 | 6枚 |
| c | 和三盆 | 13枚 | 12枚 |
| d | 勿忘草 | 12枚 | 15枚 |
| e | 山ぶどう | 8枚 | 6枚 |

**本体**

**（モチーフつなぎ）**

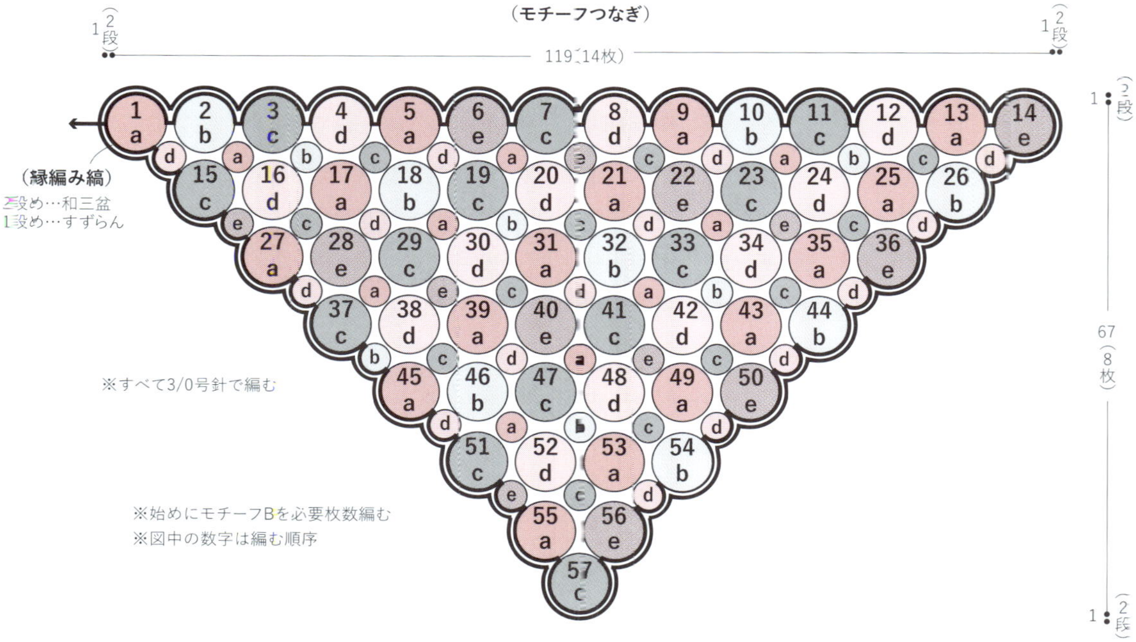


※すべて3/0号針で編む

※始めにモチーフBを必要枚数編む

※図中の数字は編む順序

▷＝ 糸をつける
▶＝ 糸を切る

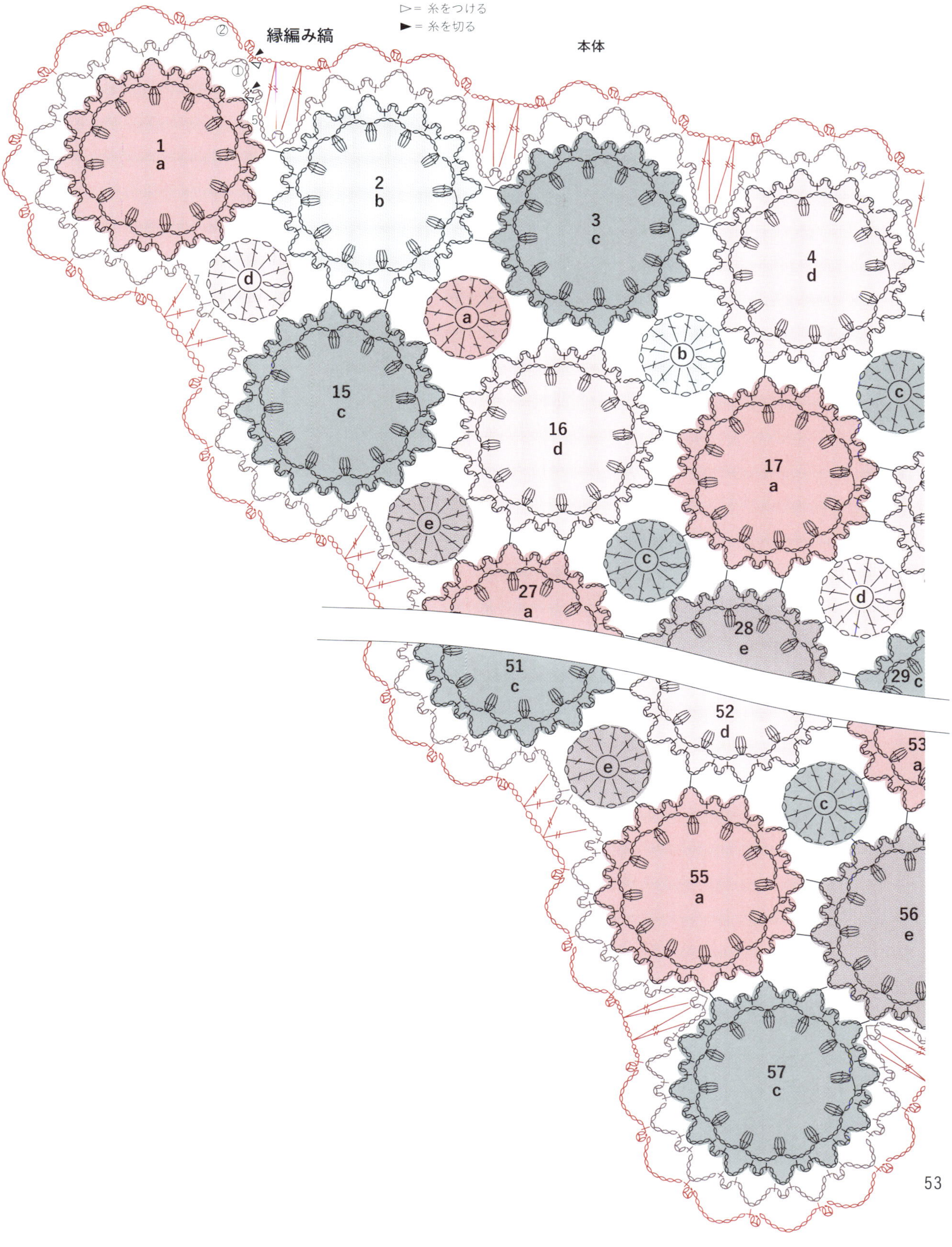

縁編み縞
本体
②
①
1
a
2
b
3
c
4
d
d
a
b
c
15
c
16
d
17
a
e
c
d
27
a
28
e
51
c
29
c
52
d
53
a
e
c
55
a
56
e
57
c

PHOTO P.10-11

# エブリデイ2wayバッグ

### 材料と用具

ごしょう産業 毛糸ピエロ　コットンニィート(S)
　アイボリー(02)135g　カーマイン(26)40g
　イエローオーカー(21)・ローズピンク(29)・
　ヒヤシンスブルー(83)各10g
かぎ針7/0号・棒針7号

**できあがりサイズ** / 幅32cm　深さ26cm(持ち手含まず)

**ゲージ** / 10cm平方で細編み 26目×22.5段
編み込み模様 24目×29段

### 編み方のポイント

●底は鎖編みの作り目を42目作り、図を参照して増し目をしながら細編みで9段編む。続けて側面は棒針で154目拾い、増減なしに糸を横に渡す編み込み模様で輪に編む。1色で編む部分は配色糸をはさみ込みながら編む。63段編んだら伏せ止めする。続けてかぎ針に替え、縁編みはすべてアイボリーで編む。まず細編みを3段編む。4段めは持ち手と肩ひもの作り目の鎖を続けて編んで糸を切る。残りは❶〜❹の順に編む。

●入れ口・持ち手・肩ひもに引き抜き編みで飾り編みをする。

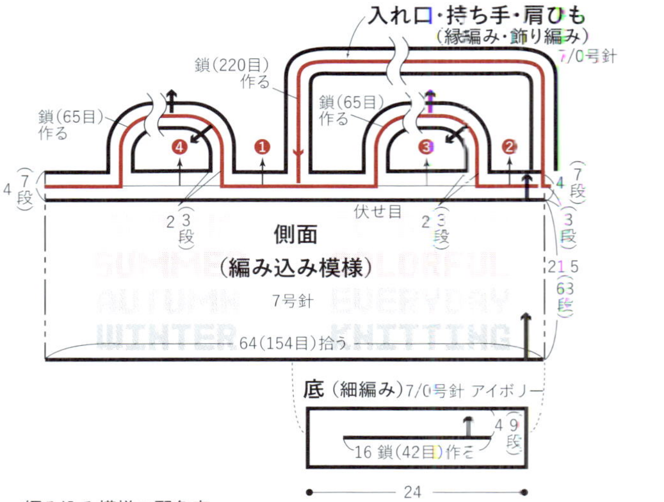


編み込み模様の配色表

| | 色名 |
|---|---|
| (ローズピンク) | ローズピンク |
| (ヒヤシンスブルー) | ヒヤシンスブルー |
| (イエローオーカー) | イエローオーカー |
| (カーマイン) | カーマイン |
| □ | アイボリー |

━━ ＝入れ口4段め・持ち手・肩ひもの作り目鎖

※側面は底から1+目ずつ拾うが、
角は鎖2目に束に針を入れて1目ずつ拾う

※縁編みはアイボリーで細編みと鎖部分を編み、
あとからカーマインで飾り編みを編む

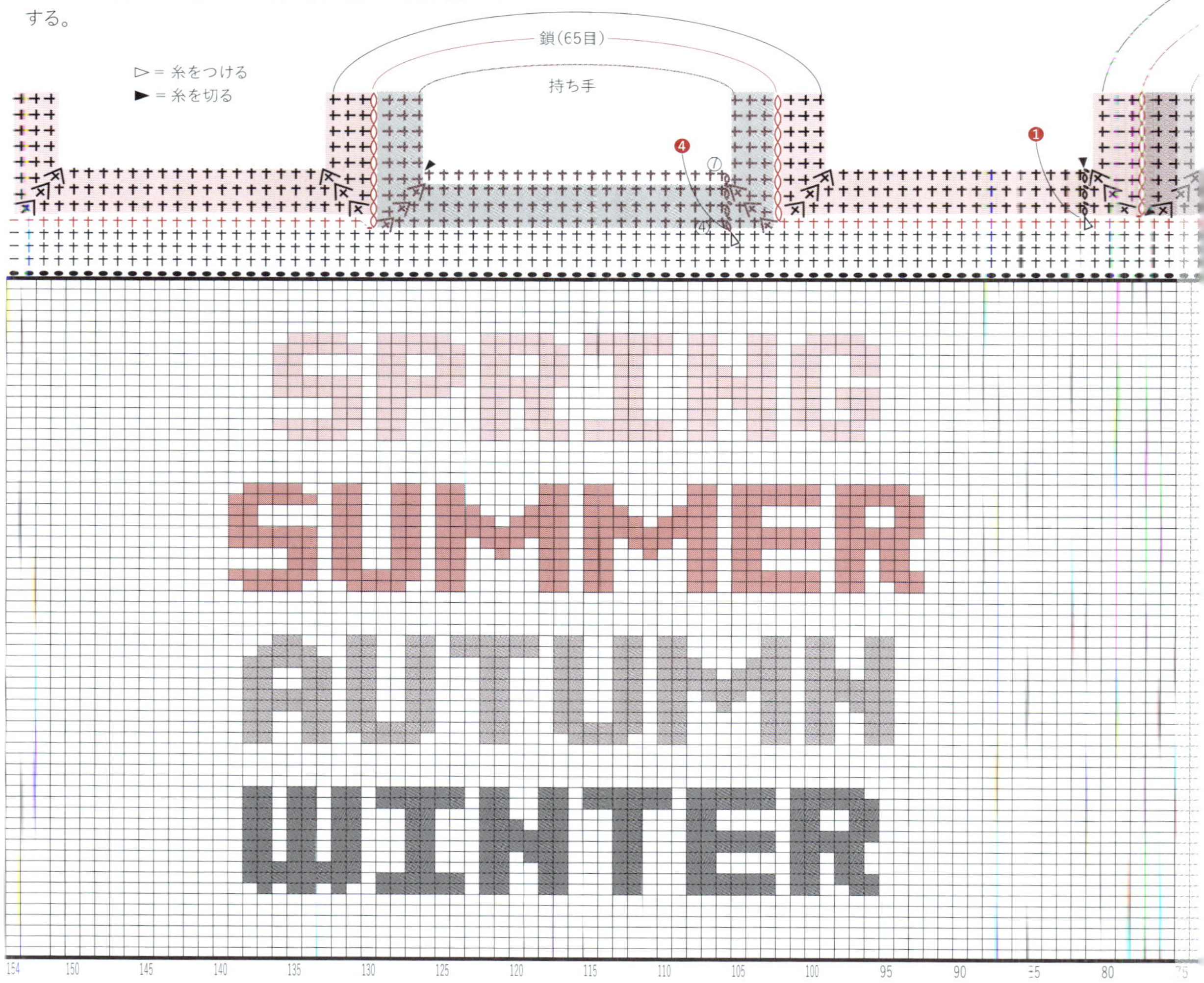


□ = ｜ 表目

**底目数表**
※角の鎖を含まず

| 段 | 目数 | |
|---|---|---|
| 9段 | 150目 | (+8目) |
| 8段 | 142目 | (+8目) |
| 7段 | 134目 | (+8目) |
| 6段 | 126目 | (+8目) |
| 5段 | 118目 | (+8目) |
| 4段 | 110目 | (+8目) |
| 3段 | 102目 | (+8目) |
| 2段 | 94目 | (+8目) |
| 1段 | 86目 | |

**底　細編み**

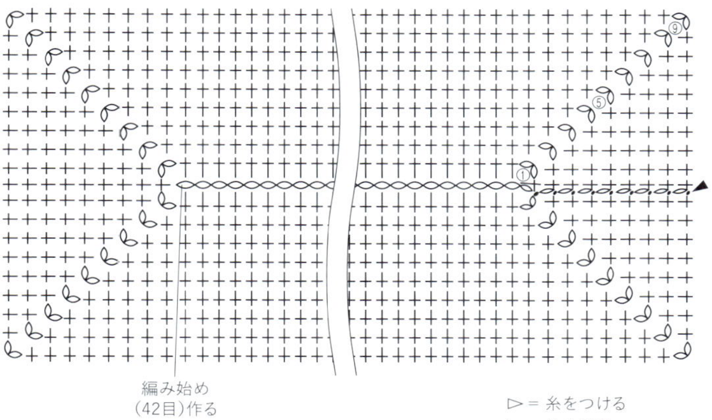


▷ = 糸をつける
▶ = 糸を切る

**飾り編み**
(引き抜き編み)

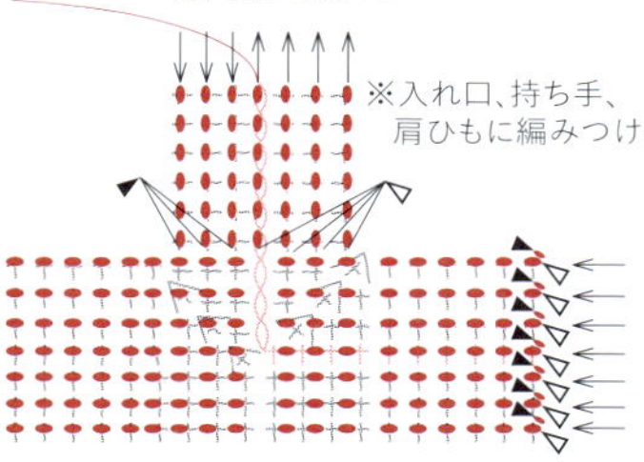


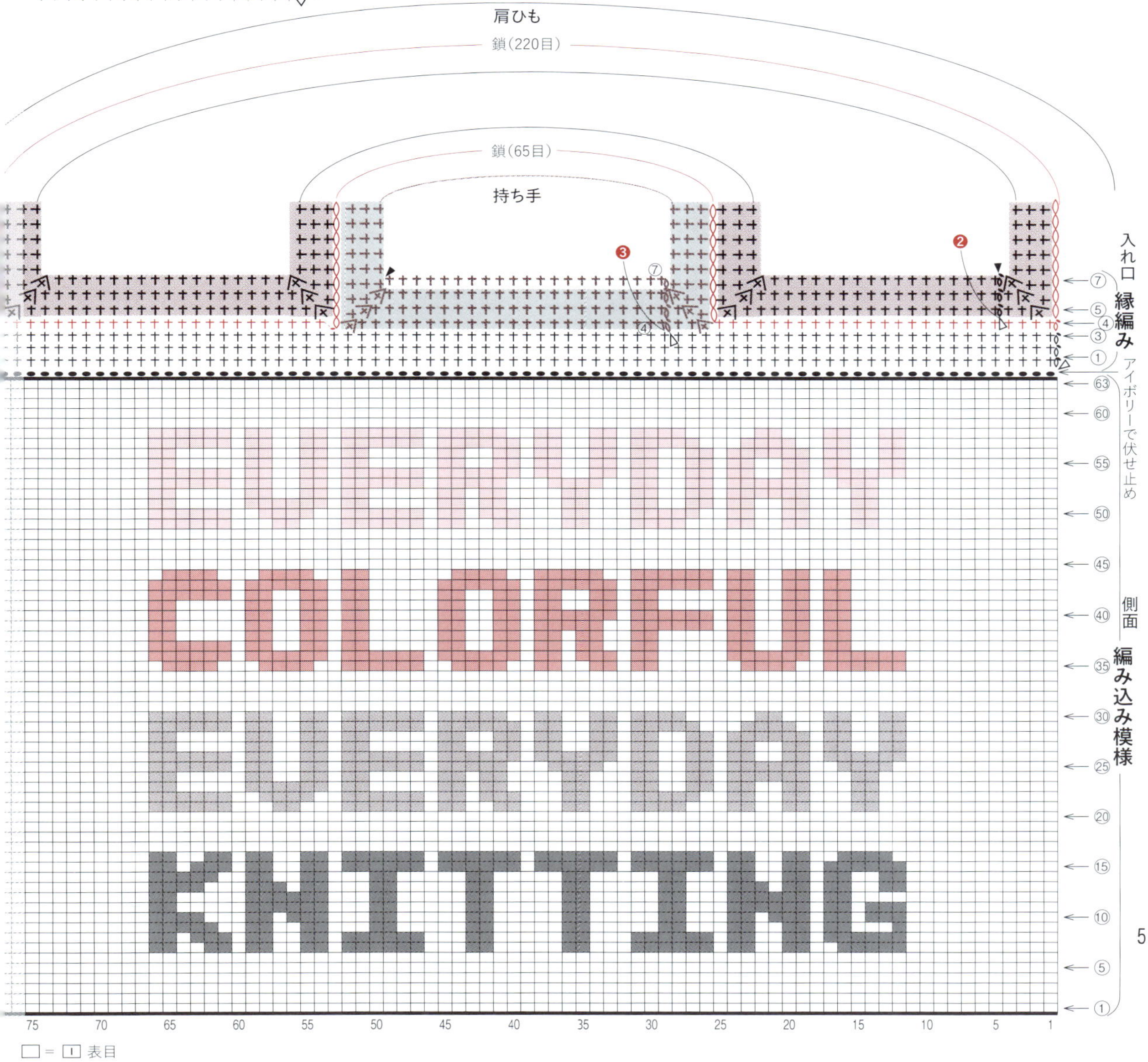


□ = | 表目

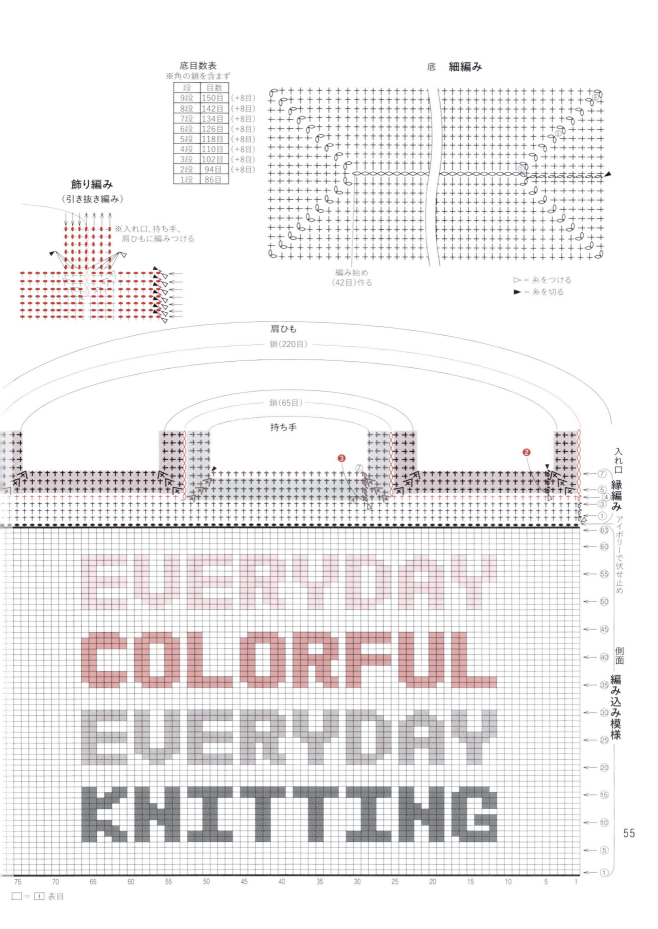

PHOTO P.14 **ドットバッグ**

**材料と用具**

DARUMA　ニッティングコットン
　きなり(1)130g　ネイビー(7)90g
かぎ針7/0号・棒針8号

**できあがりサイズ** / 幅33.5cm　深さ30cm(持ち手含まず)

**ゲージ** / 10cm平方で細編み 21.5目×21段
編み込み模様 21.5目×27段
細編みの編み込み模様 21.5目×20段

**編み方のポイント**

●底は鎖編みの作り目を26目作り、図を参照して増し目をしながら細編みで16段編む。続けて側面は棒針で144目拾い、増減なしに糸を横に渡す編み込み模様で70段輪に編み、伏せ止めする。続けてかぎ針に替え、糸を編みくるみながら細編みの編み込み模様で8段編む。

●持ち手は鎖80目の作り目をし、図を参照して増し目をしながら細編み縞で4段編む。同じものを2本編む。

●持ち手は入れ口の表側に縫いつける。

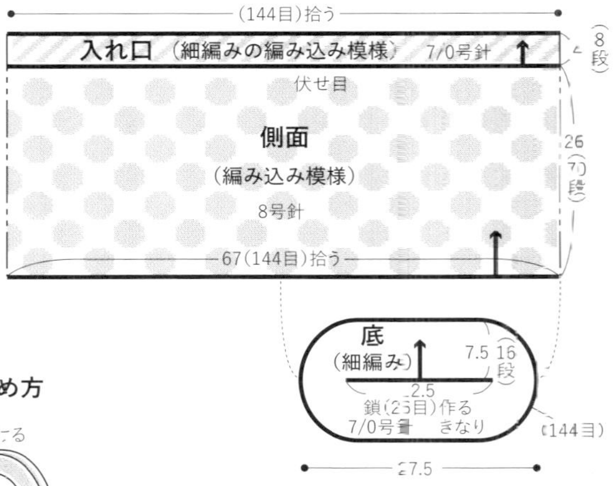


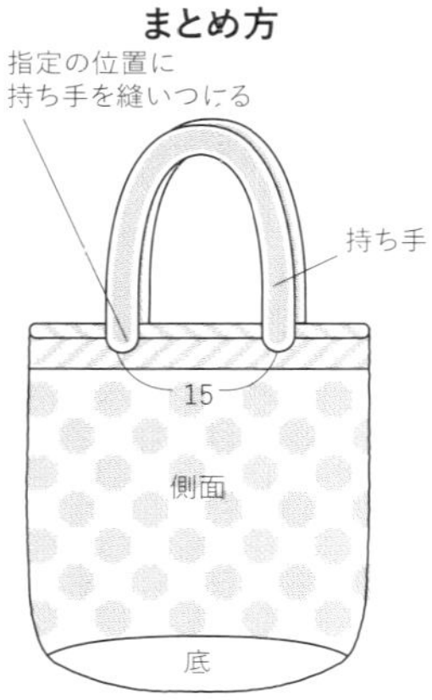


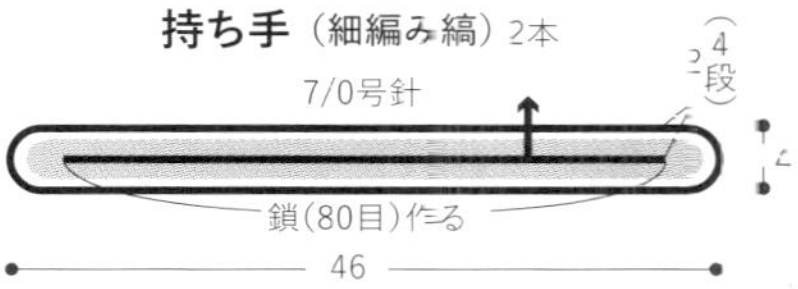


配色 ▒・+ =ネイビー
□・+ =きなり

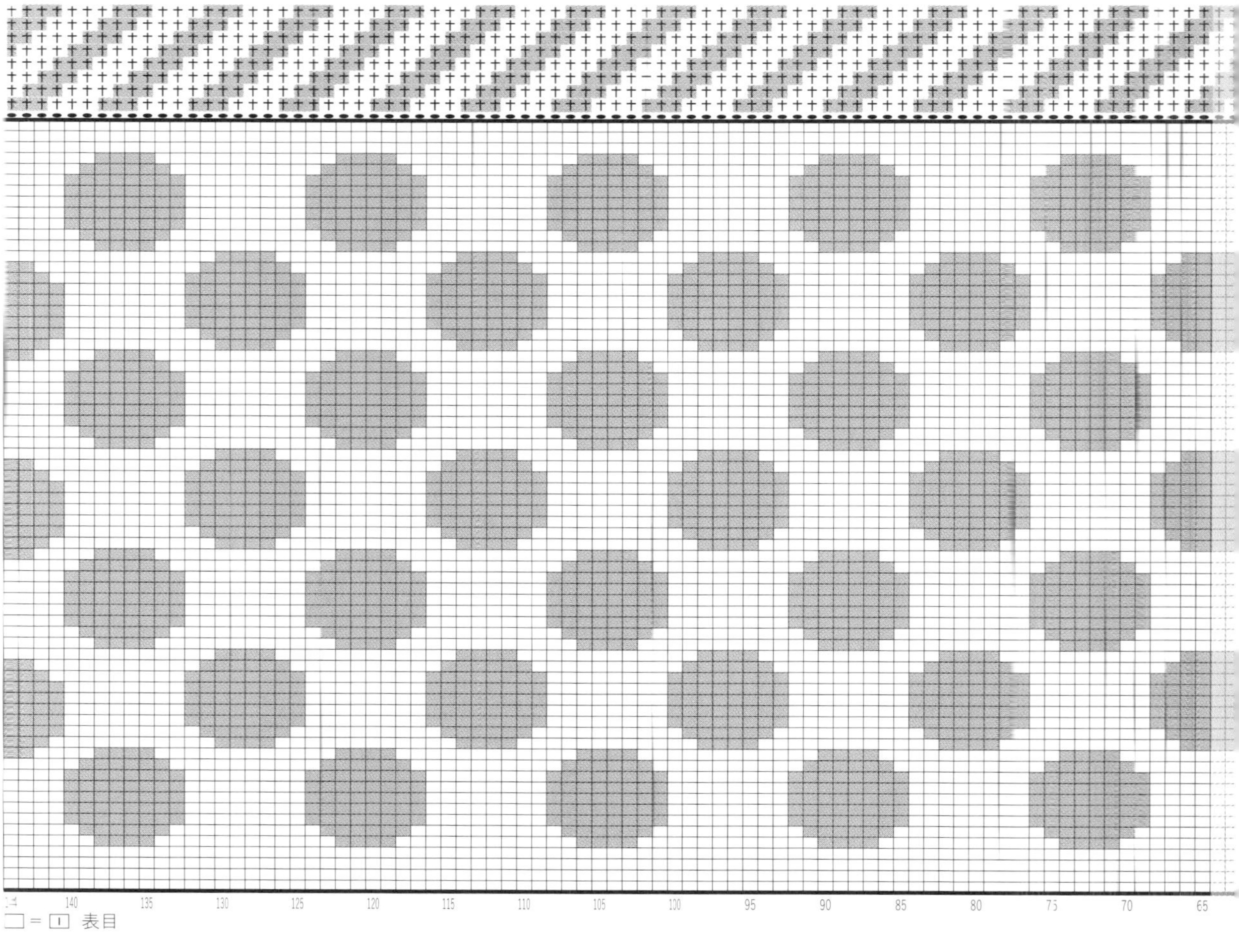


□ = Ⅰ 表目

## 底　細編み

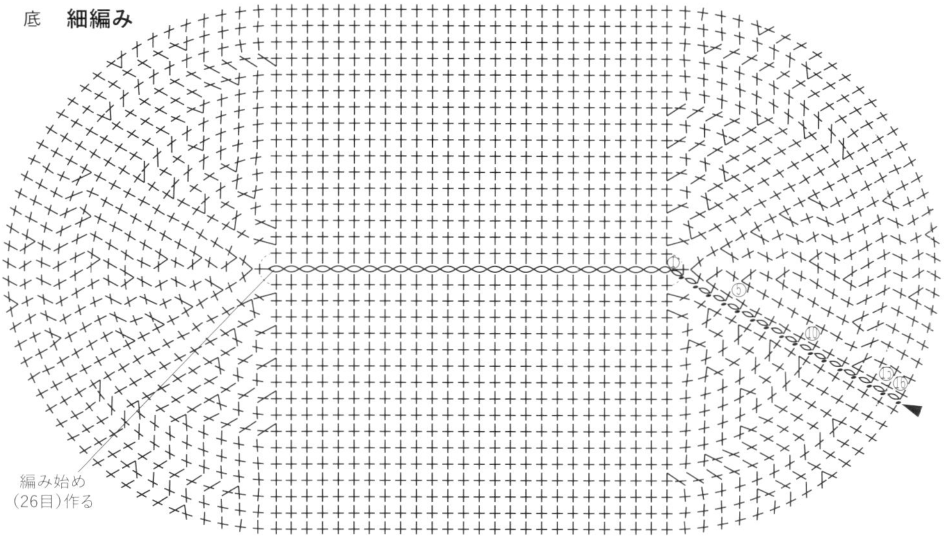


**底目数表**

| 段 | 目数 | |
|---|---|---|
| 16段 | 144目 | (+6目) |
| 15段 | 138目 | (+6目) |
| 14段 | 132目 | (+6目) |
| 13段 | 126目 | (+6目) |
| 12段 | 120目 | (+6目) |
| 11段 | 114目 | (+6目) |
| 10段 | 108目 | (+6目) |
| 9段 | 102目 | (+6目) |
| 8段 | 96目 | (+6目) |
| 7段 | 90目 | (+6目) |
| 6段 | 84目 | (+6目) |
| 5段 | 78目 | (+6目) |
| 4段 | 72目 | (+6目) |
| 3段 | 66目 | (+6目) |
| 2段 | 60目 | (+6目) |
| 1段 | 54目 | |

## 持ち手　細編み縞

4段め…きなり
1〜3段め…ネイビー

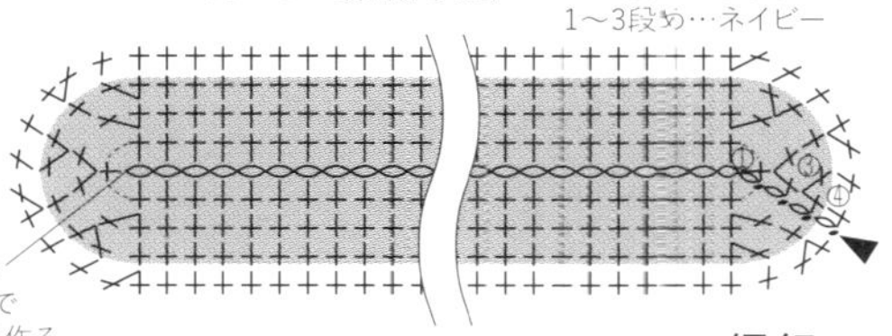


**持ち手目数表**

| 段 | 目数 | |
|---|---|---|
| 4段 | 180目 | (+6目) |
| 3段 | 174目 | (+6目) |
| 2段 | 168目 | (+6目) |
| 1段 | 162目 | |

▷ = 糸をつける
▶ = 糸を切る

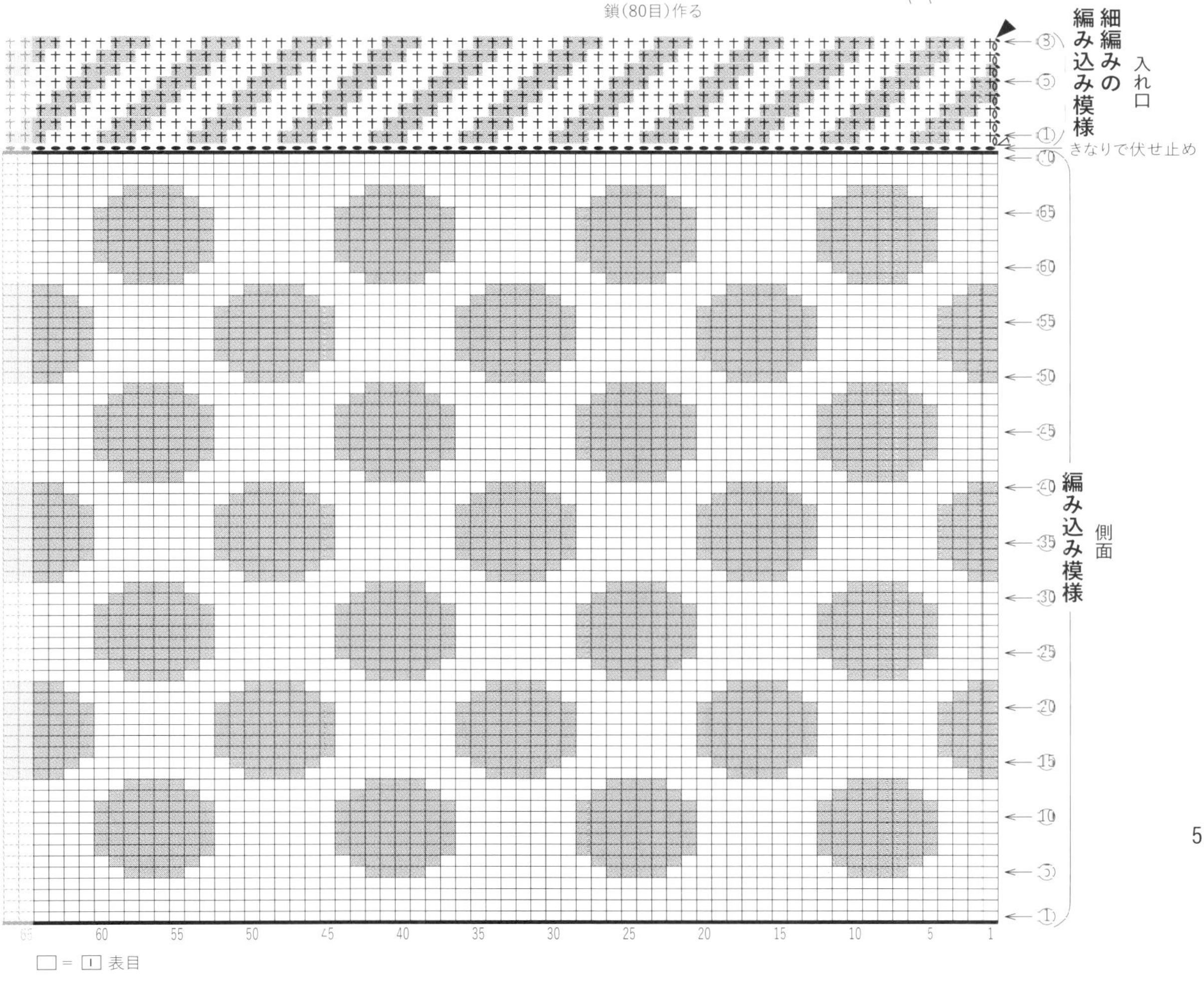


□ = | 表目

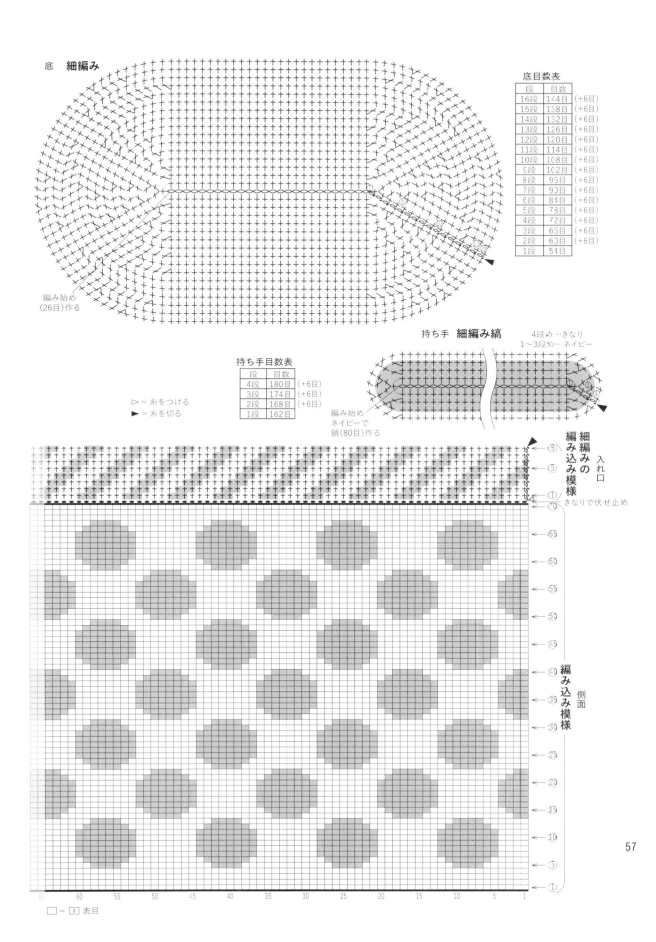

PHOTO P.7

# 花モチーフの巾着

### 材料と用具
DARUMA　レース糸#20
紺系：　紺(9)・きなり(2)各20g　ピーコックブルー(8)・オリーブ(11)・マスタード(17)各少々
茶系：　うす茶(4)・きなり(2)各20g　ピンクベージュ(5)・スモークブルー(7)・マスタード(17)各少々
かぎ針2/0号

**できあがりサイズ** / 幅19.5cm　深さ15cm

**ゲージ** / モチーフ 6.5cm×6.5cm
10cm平方で模様編み 31目×14段

### 編み方のポイント
- ●底は輪の作り目で編み始め、図を参照して21段編む。
- ●側面のモチーフは輪の作り目で編み始め、図を参照して配色を替えながら7段編む。配色表を参照してA、B、Cを2枚ずつ編み、半目の巻きかがりで隣同士をつなぎ合わせる。
- ●底とモチーフの下辺を半目の巻きかがりで合わせる。
- ●モチーフの上辺から拾い目をし、図を参照して模様編み縞で12段編む。
- ●ひもはスレッドコードで2本、ひも飾りは4枚作る。まとめ方を参照し、側面の指定の位置にひもを通して、ひもの先にひも飾りをつける。

モチーフ

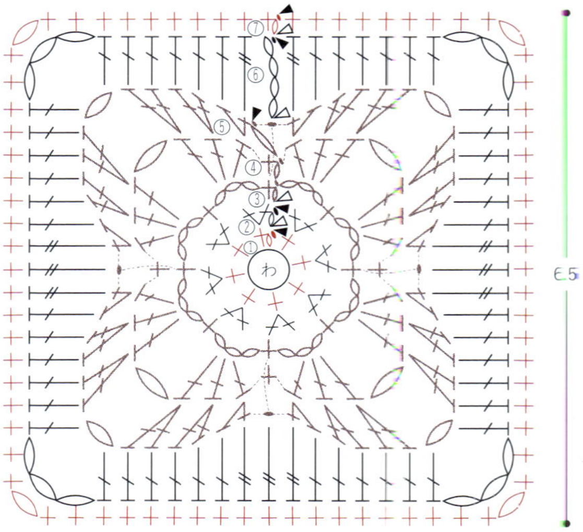


※5段めの引き抜き編みは、4段めを編みくるみながら3段めの細編みに引き抜く

モチーフの配色表と枚数
（※紺系／茶系の順、表記が1つの場合は共通）

| | A…2枚 | B…2枚 | C…2枚 |
|---|---|---|---|
| 7段 | 紺／うす茶 | | |
| 6段 | きなり | | |
| 3～5段 | ピーコックブルー／ピンクベージュ | マスタード | オリーブ／スモークブルー |
| 2段 | きなり | | |
| 1段 | 紺／うす茶 | | |

パーツの配色表

| | | 紺系 | 茶系 |
|---|---|---|---|
| ひも（スレッドコード） | 配色糸 | きなり | きなり |
| | 地糸 | 紺 | うす茶 |
| 側面（模様編み） | ――（紺線） | きなり | きなり |
| | ――（赤線） | 紺 | うす茶 |

底

▷＝ 糸をつける
▶＝ 糸を切る

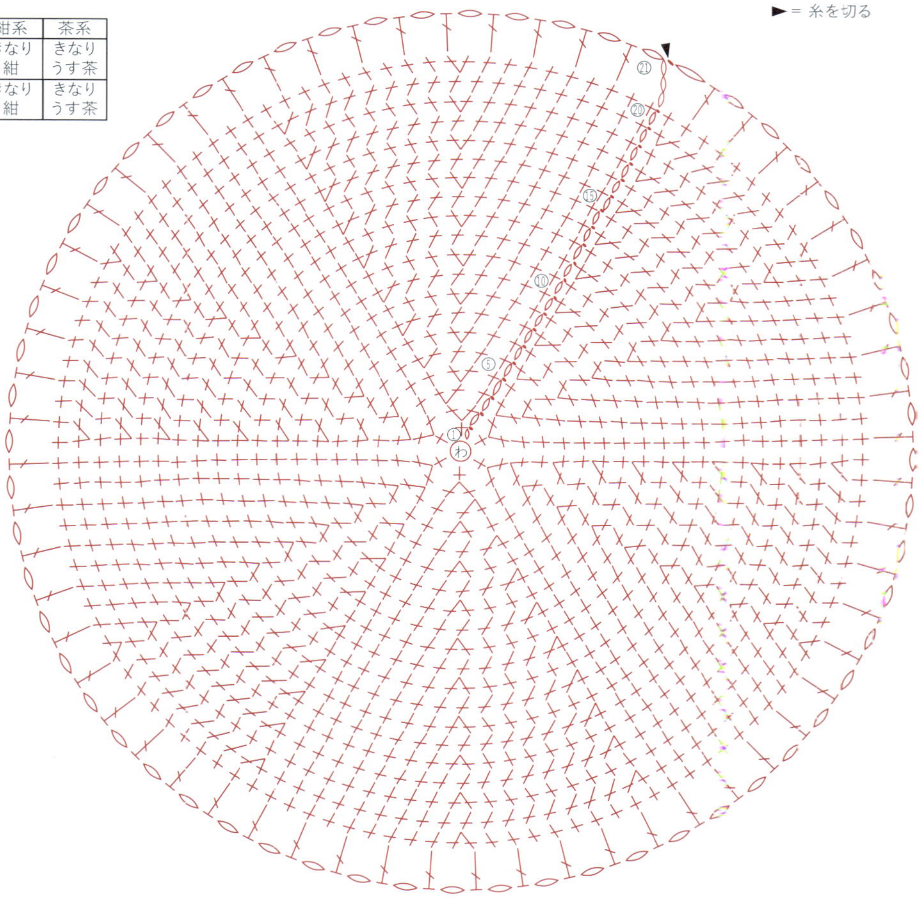


底目数表

| 段 | 目数 | |
|---|---|---|
| 21段 | 120目 | |
| 20段 | 120目 | (+6目) |
| 19段 | 114目 | (+6目) |
| 18段 | 108目 | (+6目) |
| 17段 | 102目 | (+6目) |
| 16段 | 96目 | (+6目) |
| 15段 | 90目 | (+6目) |
| 14段 | 84目 | (+6目) |
| 13段 | 78目 | (+6目) |
| 12段 | 72目 | (+6目) |
| 11段 | 66目 | (+6目) |
| 10段 | 60目 | (+6目) |
| 9段 | 54目 | (+6目) |
| 8段 | 48目 | (+6目) |
| 7段 | 42目 | (+6目) |
| 6段 | 36目 | (+6目) |
| 5段 | 30目 | (+6目) |
| 4段 | 24目 | (+6目) |
| 3段 | 18目 | (+6目) |
| 2段 | 12目 | (+6目) |
| 1段 | 6目 | |

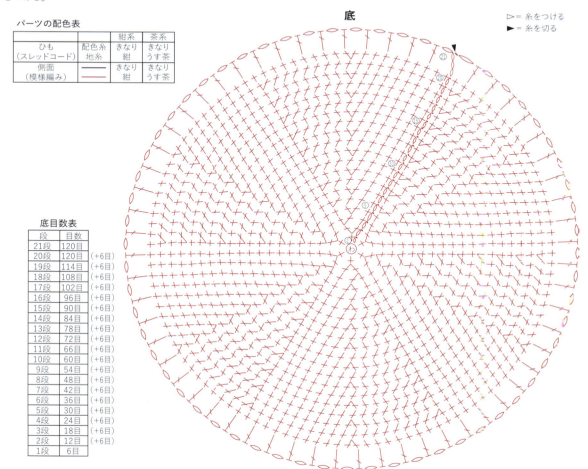

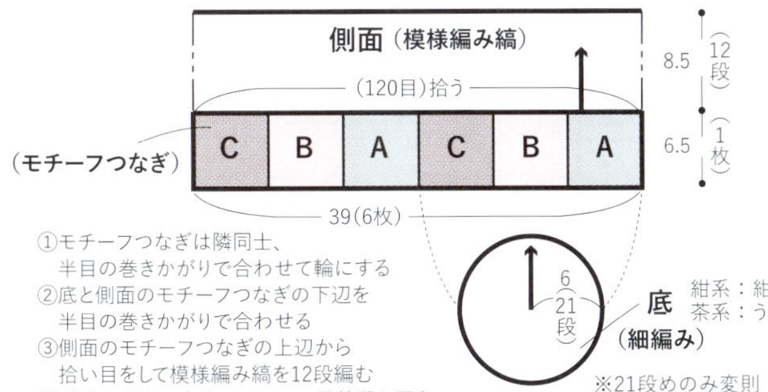


①モチーフつなぎは隣同士、半目の巻きかがりで合わせて輪にする
②底と側面のモチーフつなぎの下辺を半目の巻きかがりで合わせる
③側面のモチーフつなぎの上辺から拾い目をして模様編み縞を12段編む
※ 巻きかがりの糸はモチーフの最終段と同色

## まとめ方

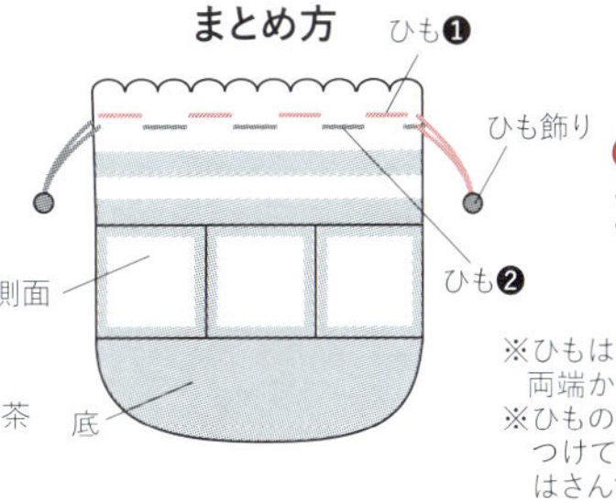


## ひもの通し方

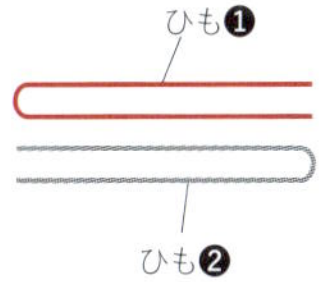


※ひもは側面の指定の位置に両端からそれぞれ通す
※ひもの両端をひも飾りの裏に縫いつけて固定し、もう1枚で外表にはさんで、まわりをとじつける

## ひも飾り

紺系：紺
茶系：うす茶
4枚

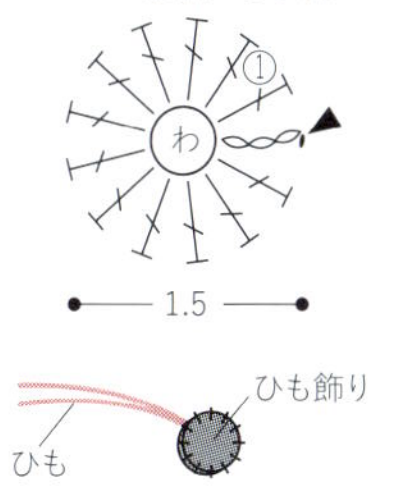


## ひも（スレッドコード）2本

※2色で編むスレッドコード（P.92参照）

▷＝ 糸をつける
▶＝ 糸を切る

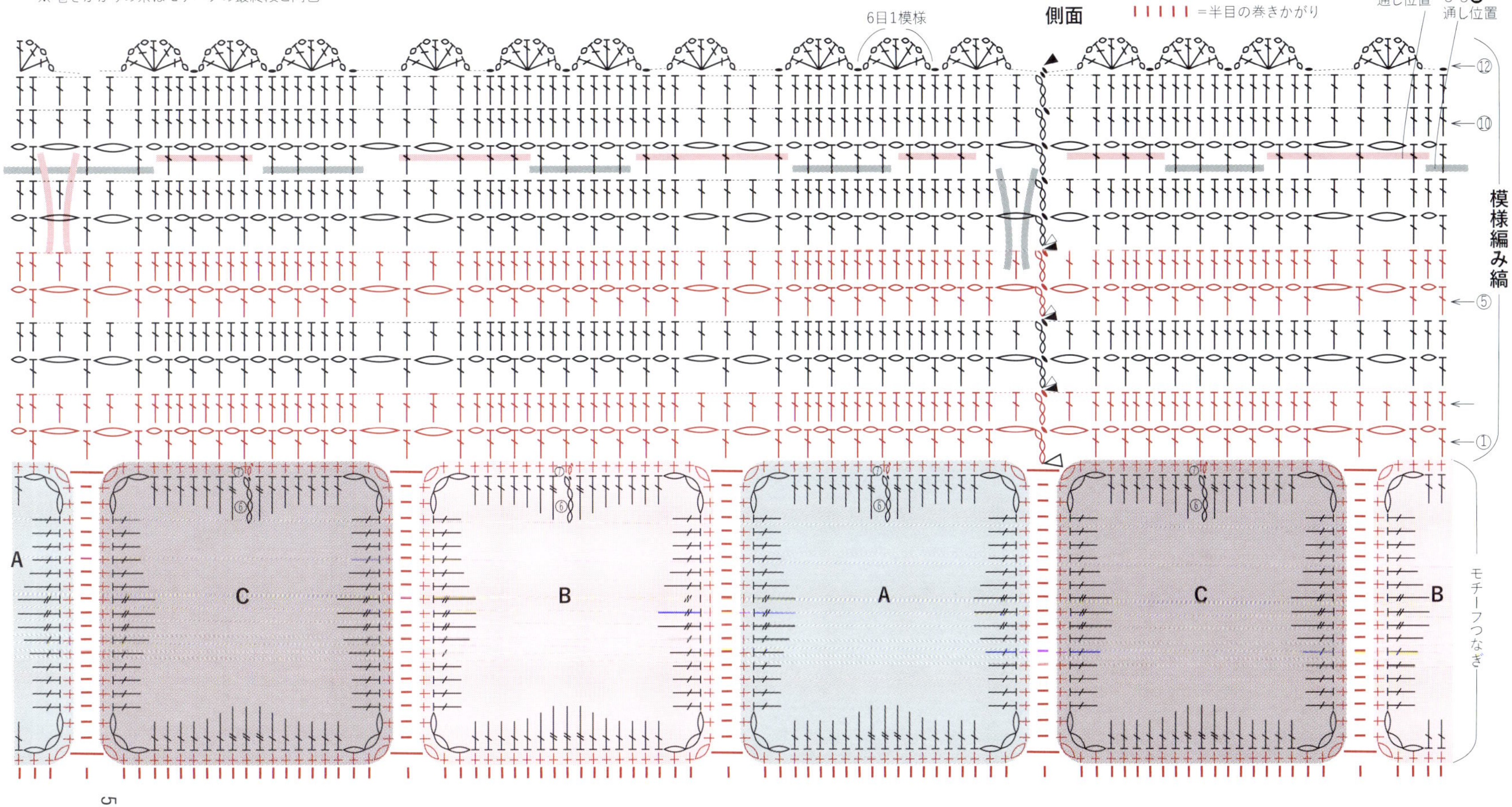

PHOTO P.15

# レタードドイリー

**材料と用具**
オリムパス　金票40番レース糸
　生成り(802)20g
レース針8号

**できあがりサイズ** / 29cm×19cm

**ゲージ** / 10cm平方模様編み50目×21段

**編み方のポイント**
●本体は鎖の作り目で81目作り、図を参照して方眼編みで54段編む。続けてまわりを縁編みで4段編む。

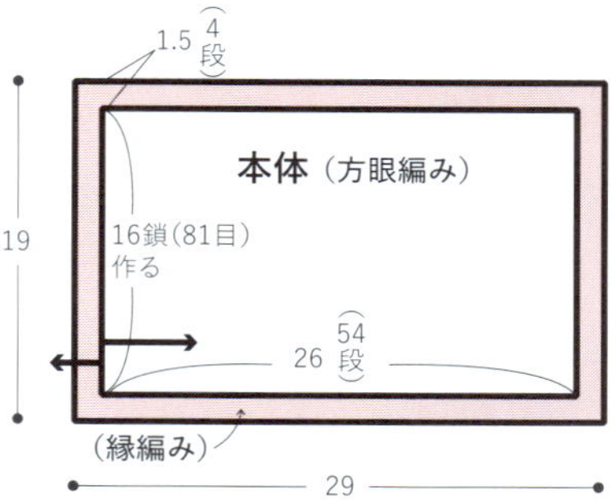


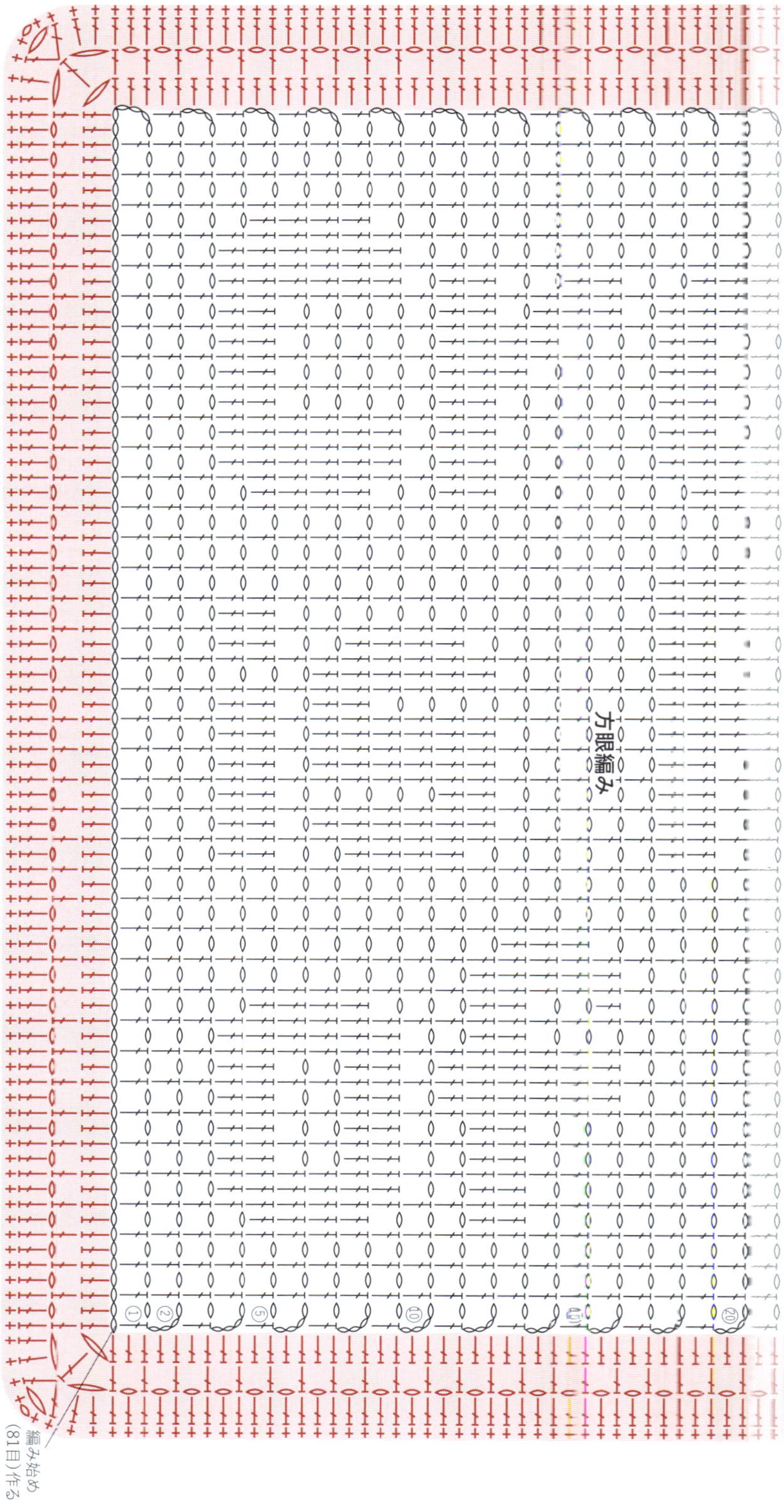

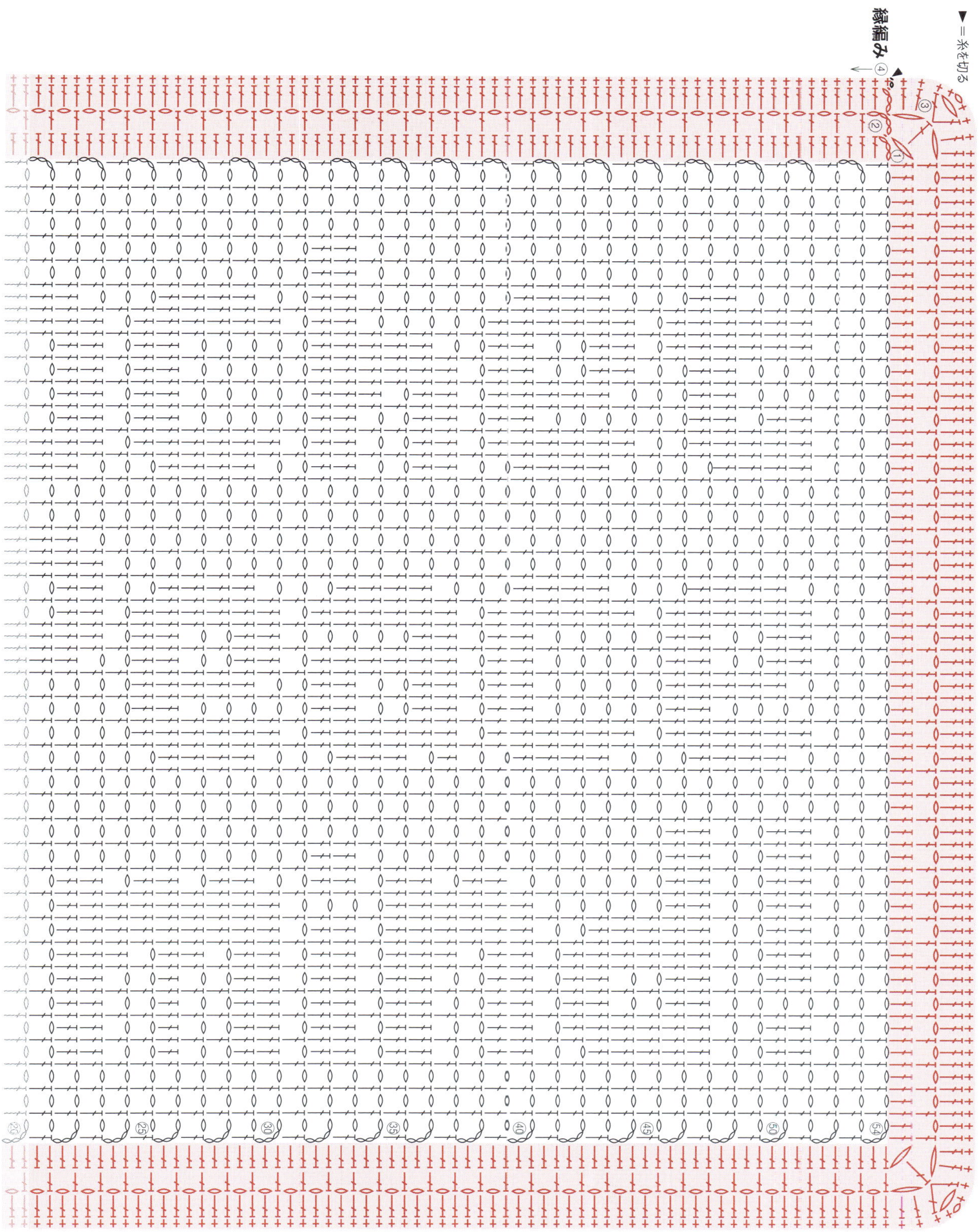
▼＝糸を切る
縁編み
① ② ③ ④
20 25 30 35 40 45 50 54

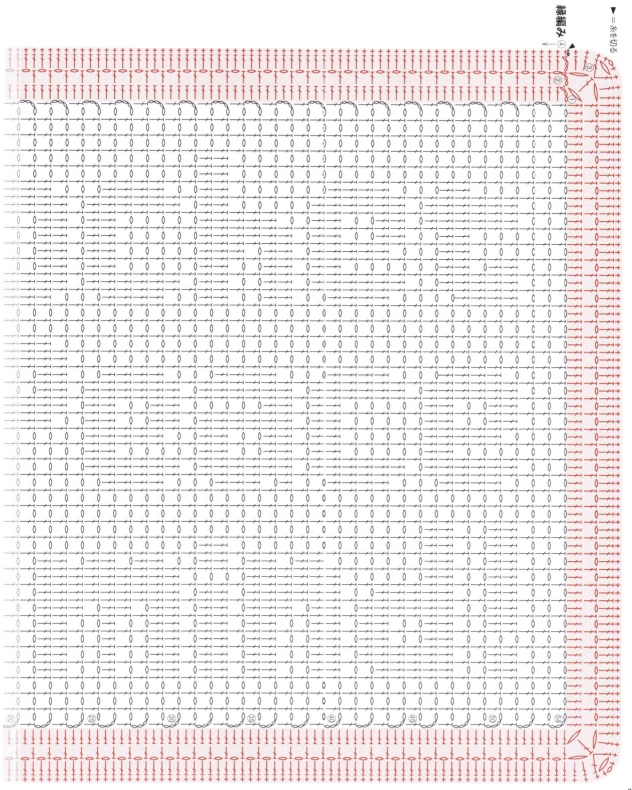

## クロス柄のとんがりミトン

### 材料と用具

ハマナカ　純毛中細
　ネイビー(19)30g　オフホワイト(1)15g　グレー(27)10g
　水色(39)・黄(43)各5g　黄緑(22)・茶(46)各少々
棒針3号・2号

**できあがりサイズ** / 手のひらまわり17cm　丈24.5cm

**ゲージ** / 10cm平方で編み込み模様 35目×38段

### 編み方のポイント

●本体は指でかける作り目で60目作って輪にし、2目ゴム編みで30段編む。続けて図を参照して糸を横に渡す編み込み模様で53段編む(途中で親指の位置には別糸を編み入れる)。3色で編み込み模様を編む段は渡り糸が絡まないように注意する。指先は図を参照して減目する。残った目に糸を通して絞る。

●親指は別糸をほどいて輪の状態で拾い目をし、メリヤス編みで22段編む。23段めに減目をし、残った目に糸を通して絞る。

### 本体

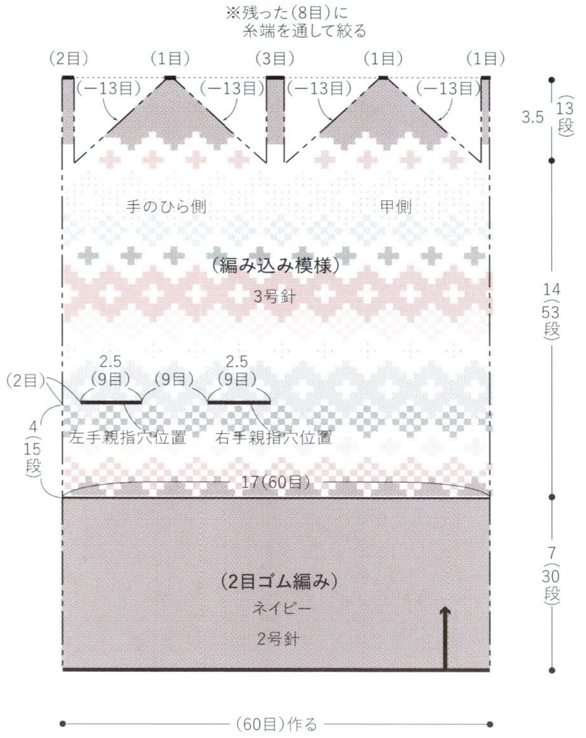


### 親指

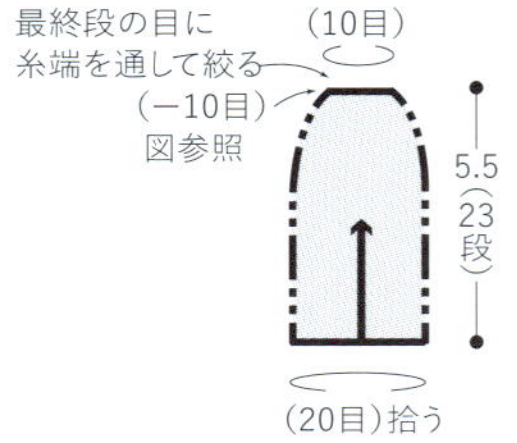


### 親指

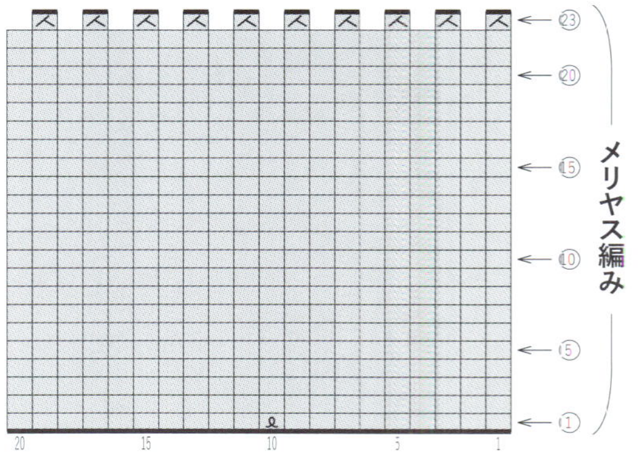


□＝｜ 表目
⋋＝左上2目一度
ℓ＝ねじり増し目

□=□ 表目
⋏=左上2目一度
⋌=右上2目一度
⋀=中上2目一度

配色
- ◎=黄
- ▨=グレー
- ■=茶
- □=黄緑
- ▨=水色
- □=オフホワイト
- ■=ネイビー

## 本体

PHOTO P.24-25 **クロス柄のリボンバッグ**

### 材料と用具

ハマナカ　リッチモア　パーセント
　濃いピンク(114)・白(95)各35g　薄緑(22)30g
　薄茶(124)20g　こげ茶(76)15g
　赤紫(61)・ピンク(67)各10g　茶色(9)5g
かぎ針6/0号・棒針8号・7号(輪針)

**できあがりサイズ** / 幅27cm　深さ30cm(リボン含まず)

**ゲージ** / 10cm平方で編み込み模様 26.5目×27.5段

### 編み方のポイント

●底はジュディズ・マジック・キャストオン(P.95参照)で124目作り、図を参照して増し目をしながらメリヤス編みで12段編む。続けて増減なしに編み込み模様で61段編み、伏せ止めする。編み込み模様は糸を横に渡す方法で編む。続けてかぎ針に替え、細編みで8段、引き抜き編みで1段編む。

●リボンは指でかける作り目で6目作り、1目ゴム編みでAは280段、Bは200段編む。

●リボンを指定の位置に縫いつける。

**リボンA、B**

(1目ゴム編み)8号針
A…濃いピンク2本どり
B…薄緑2本どり

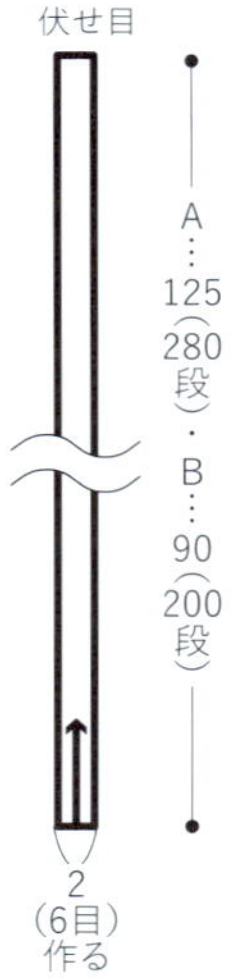


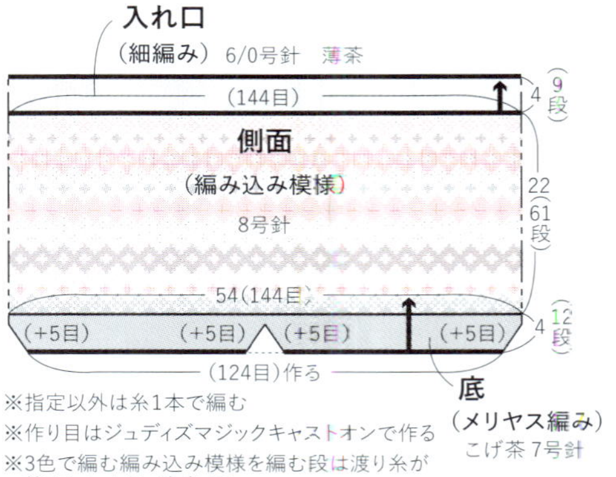


※指定以外は糸1本で編む
※作り目はジュディズマジックキャストオンで作る
※3色で編む編み込み模様を編む段は渡り糸が絡まないように注意する

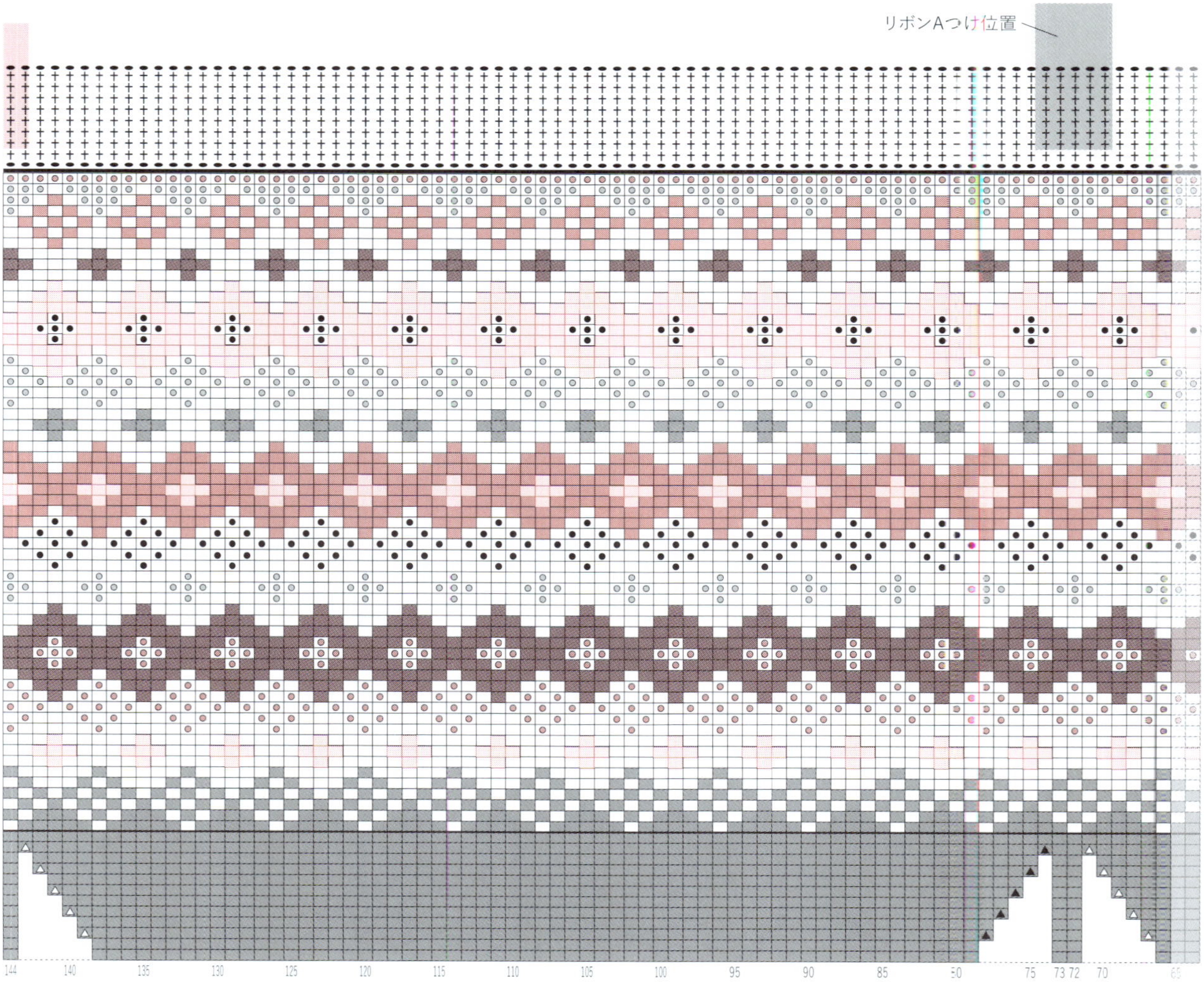


□＝① 表目
△＝右ねじり増し目
▲＝左ねじり増し目

## 1目ゴム編み

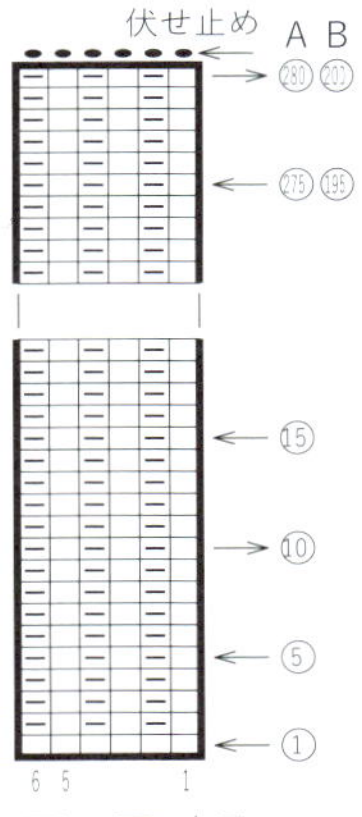


## まとめ方

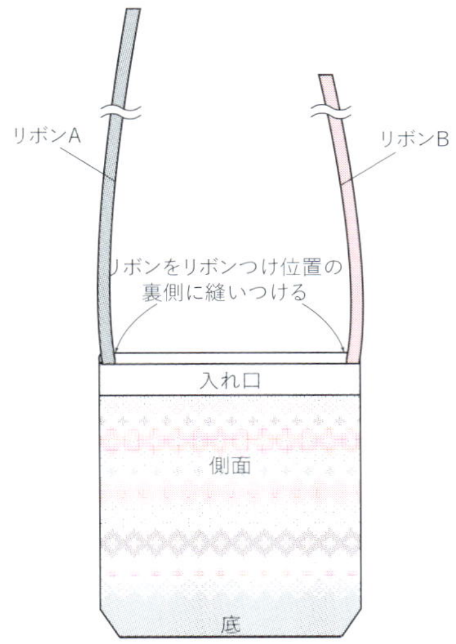


編み込み模様配色表

| | 色名 |
|---|---|
| ■ | 濃いピンク |
| ● | 茶色 |
| ◎ | ピンク |
| ■ | 赤紫 |
| ◎ | 薄茶 |
| □ | 薄緑 |
| □ | 白 |
| ■ | こげ茶 |

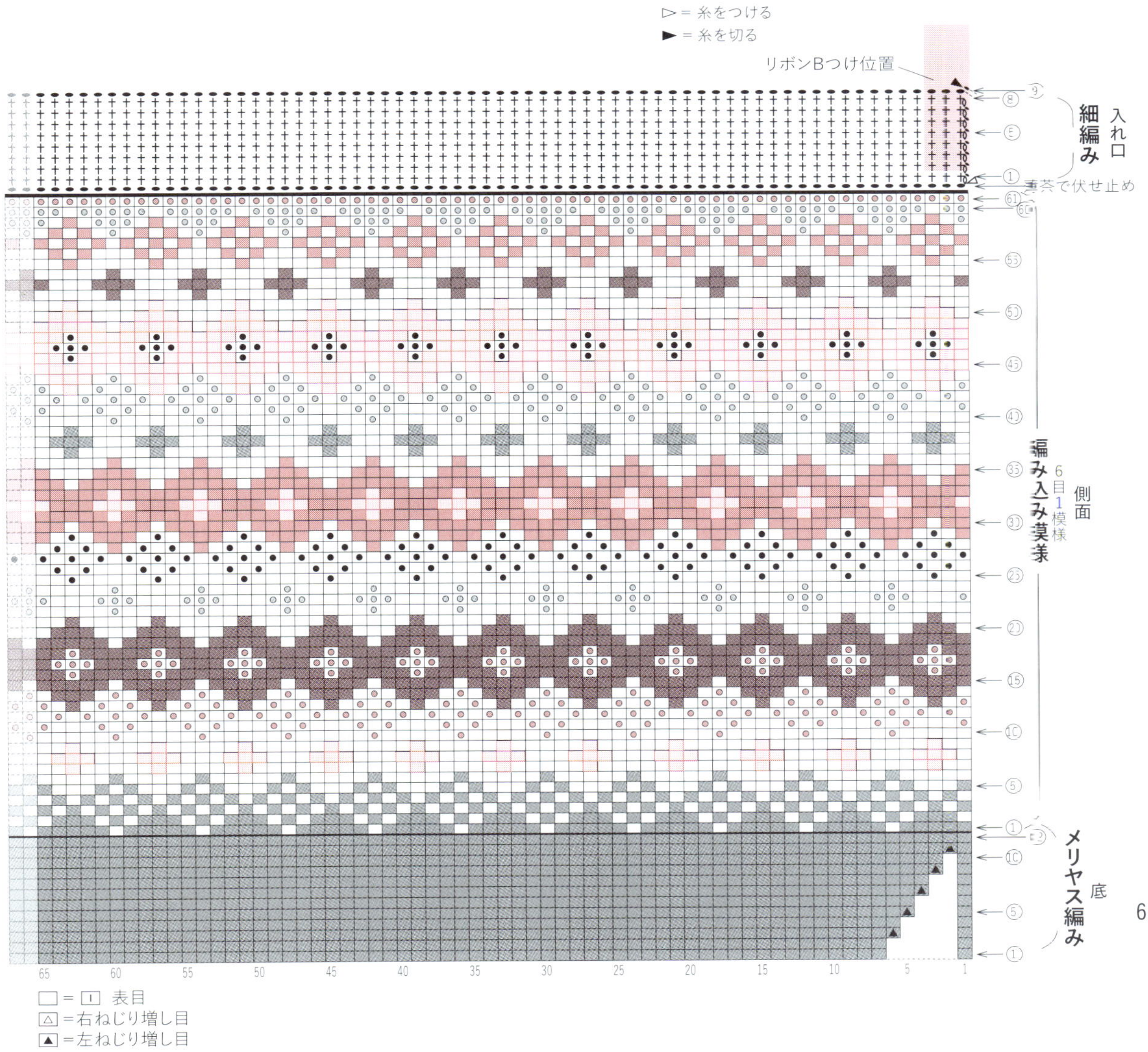

PHOTO P.23

# ドットマフラー

### 材料と用具

DARUMA　エアリーウールアルパカ
きなり(1)65g　ブラウン(3)・チョコレート(11)・オートミール(2)各30g
棒針7号・6号

**できあがりサイズ** / 幅12.5cm　長さ156cm

**ゲージ** / 10cm平方で編み込み模様 26目×26段

### 編み方のポイント

●本体は指でかける作り目で64目作って輪にし、2目ゴム編みで10段編む。続けて図を参照して糸を横に渡す編み込み模様で390段編む。続けて2目ゴム編みで10段編み、編み終わりは伏せ止める。

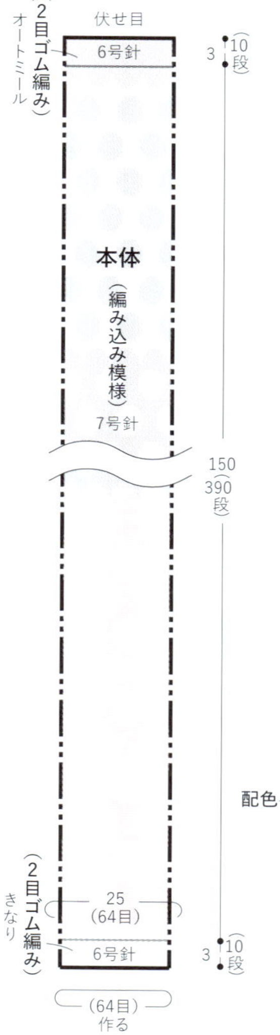


※編み始めの位置は編み込み模様にかからないようにずらしながら編む

□ = [I] 表目
配色
■ =オートミール
■ =ブラウン
■ =チョコレート
□ =きなり

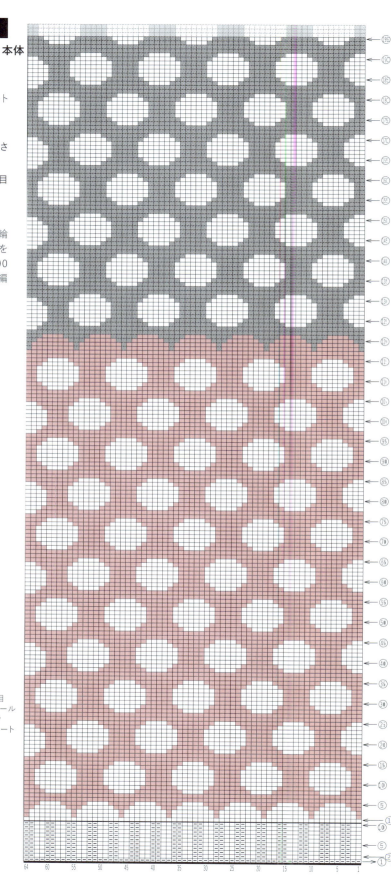

□ = Ⅰ 表目

配色
- =オートミール
- =ブラウン
- =チョコレート
- =きなり

## ドットキャップ

**材料と用具**
DARUMA　エアリーウールアルパカ
　ブルーグレー(5)35g　きなり(1)15g
棒針7号・5号

**できあがりサイズ** / 頭まわり52cm　深さ23cm

**ゲージ** / 10cm平方でメリヤス編み・編み込み模様
24目×31.5段

**編み方のポイント**
●本体は指でかける作り目で124目作って輪にし、2目ゴム編みで14段編む。続けて図を参照して1段めで2目増し目をし、126目にする。糸を横に渡す編み込み模様で32段編む。続けてメリヤス編みで、図を参照して分散減目をしながら28段編む。最終段の残った目に糸端を1目おきに二重に通して絞る。
●ポンポンは図を参照して作り、本体のトップに縫いつける。

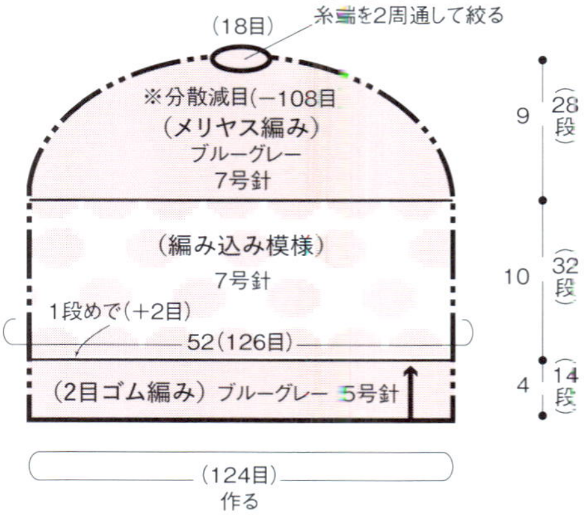


□＝｜ 表目　配色 { ■＝ブルーグレー □＝きなり }

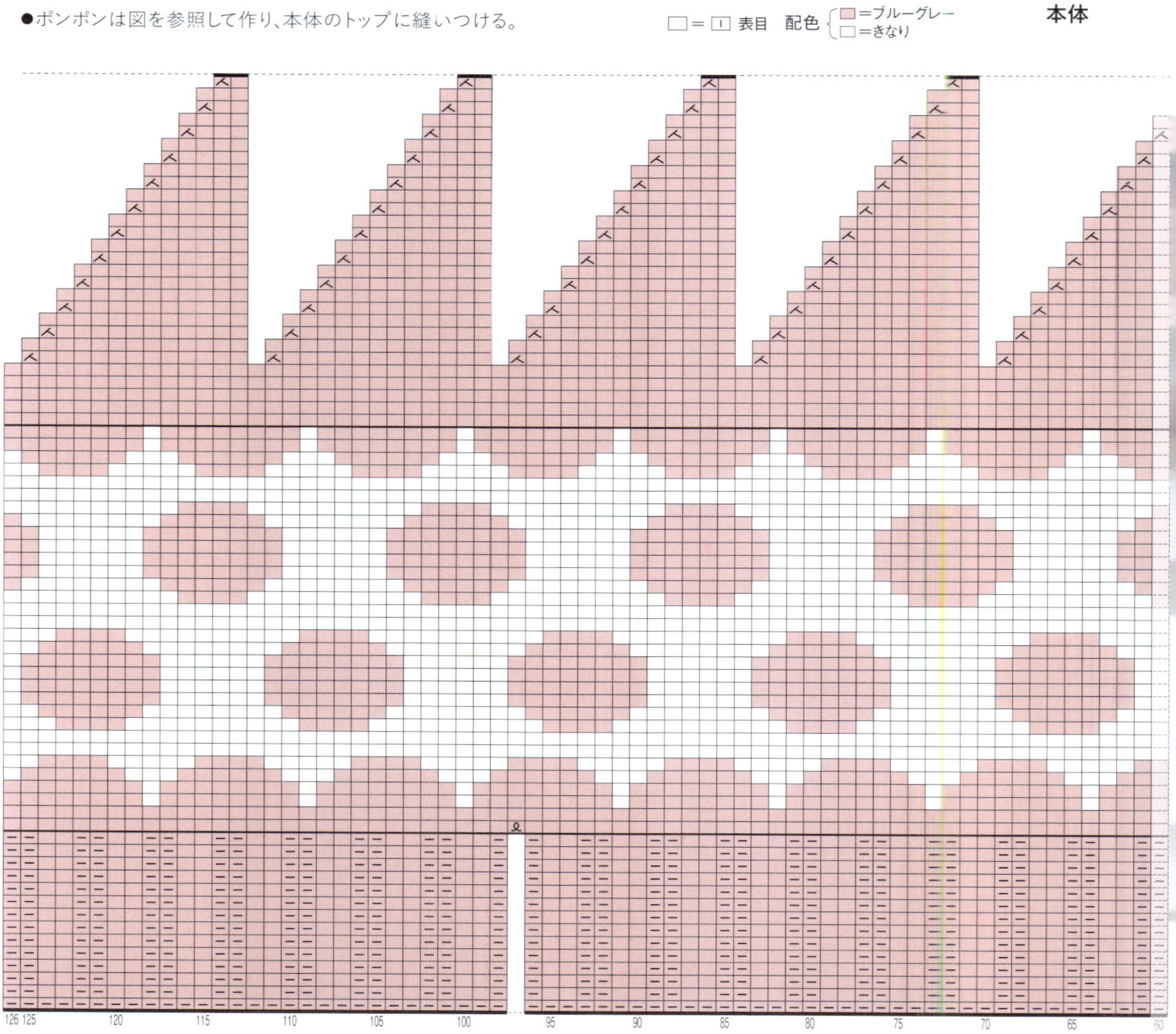




ℓ＝ねじり増し目
ㅅ＝左上2目一度

## まとめ

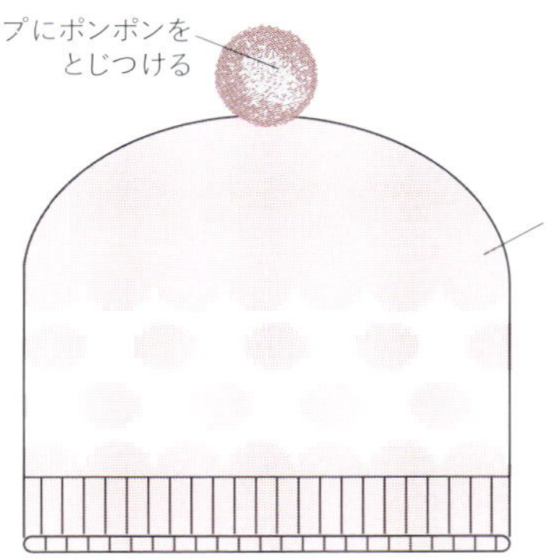


## ポンポンの作り方

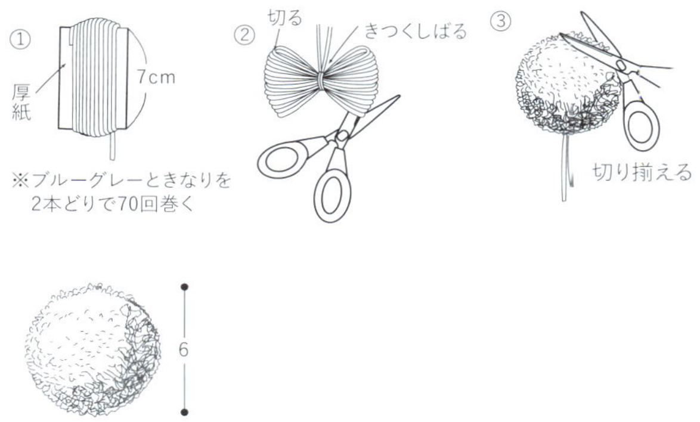


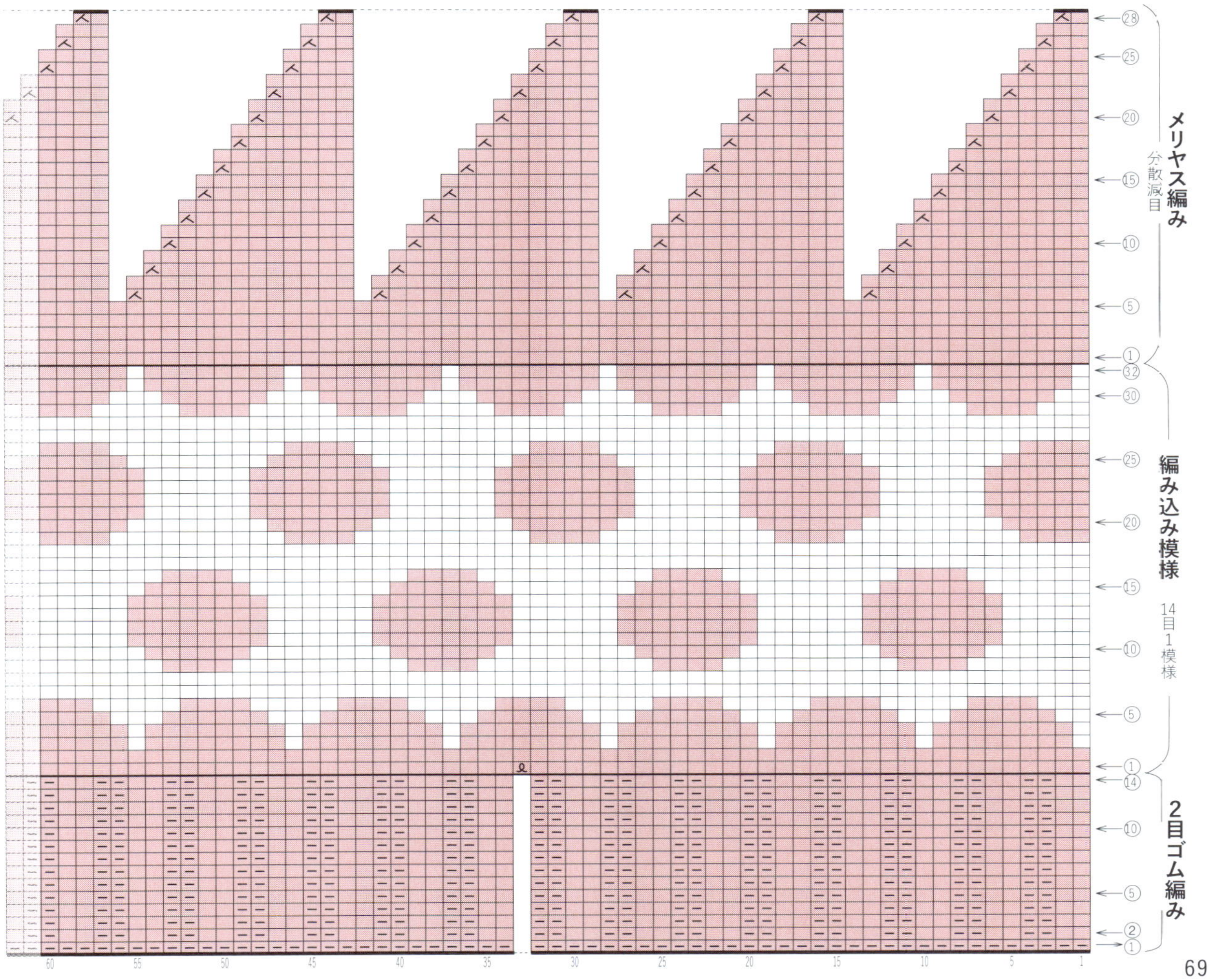

PHOTO P.27 **フラワーガーデンのハンドウォーマー**

**材料と用具**

ハマナカ　リッチモア パーセント

　生成り(1)25g　茶色(9)20g　黄(6)・暗い黄緑(11)・

　水色(40)・黄緑(13)各5g

棒針3号・2号

**できあがりサイズ** / 手のひらまわり18cm　丈18cm

**ゲージ** / 10cm平方で編み込み模様 33.5目×35段

**編み方のポイント**

●本体は指でかける作り目で60目作って輪にし、2目ゴム編みで22段編む。続けて編み込み模様は図を参照して糸を横に渡す編み込み模様で編む。親指のマチの部分は指定の位置で増し目をしながら本体と続けて編む。18段めまで編んだらマチの部分は休み目(17目)にしておく。3色で編み込み模様を編む段は渡り糸がからまないように注意する。35段編んだら続けて1段めで減目をし、2目ゴム編みで7段編む。編み終わりは伏せ止める。

●マチの休み目から拾い目をし、メリヤス編みで6段輪に編み、1目ゴム編みで4段編む。編み終わりは伏せ止める。

●同じものをもう1枚編む。

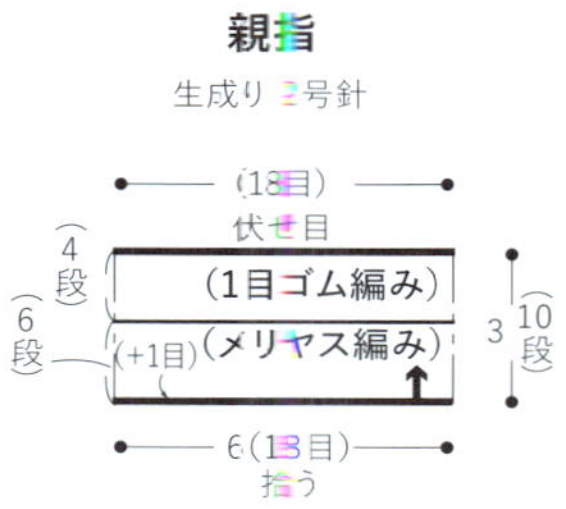


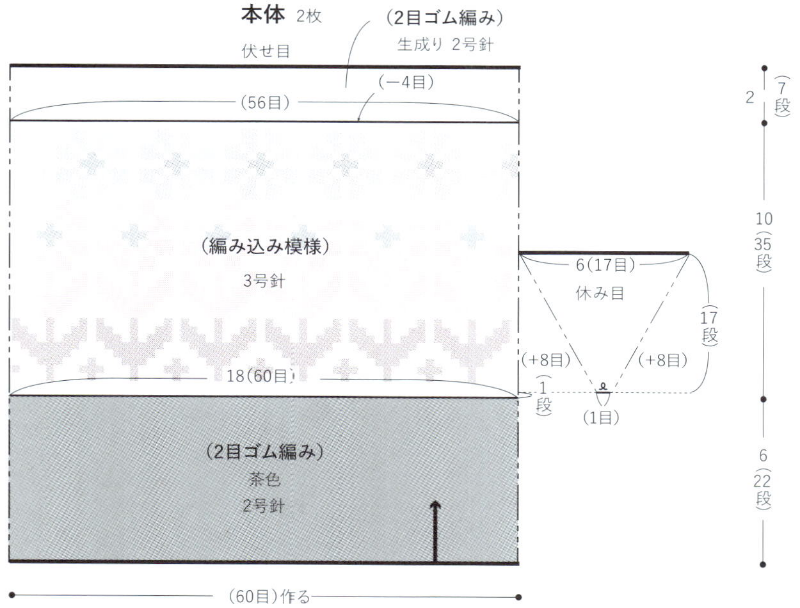

□＝〔I〕表目
〔入〕＝右上2目一度

配色
□＝黄
□＝水色
□＝黄緑
□＝暗い黄緑
□＝生成り
□＝茶色

本体

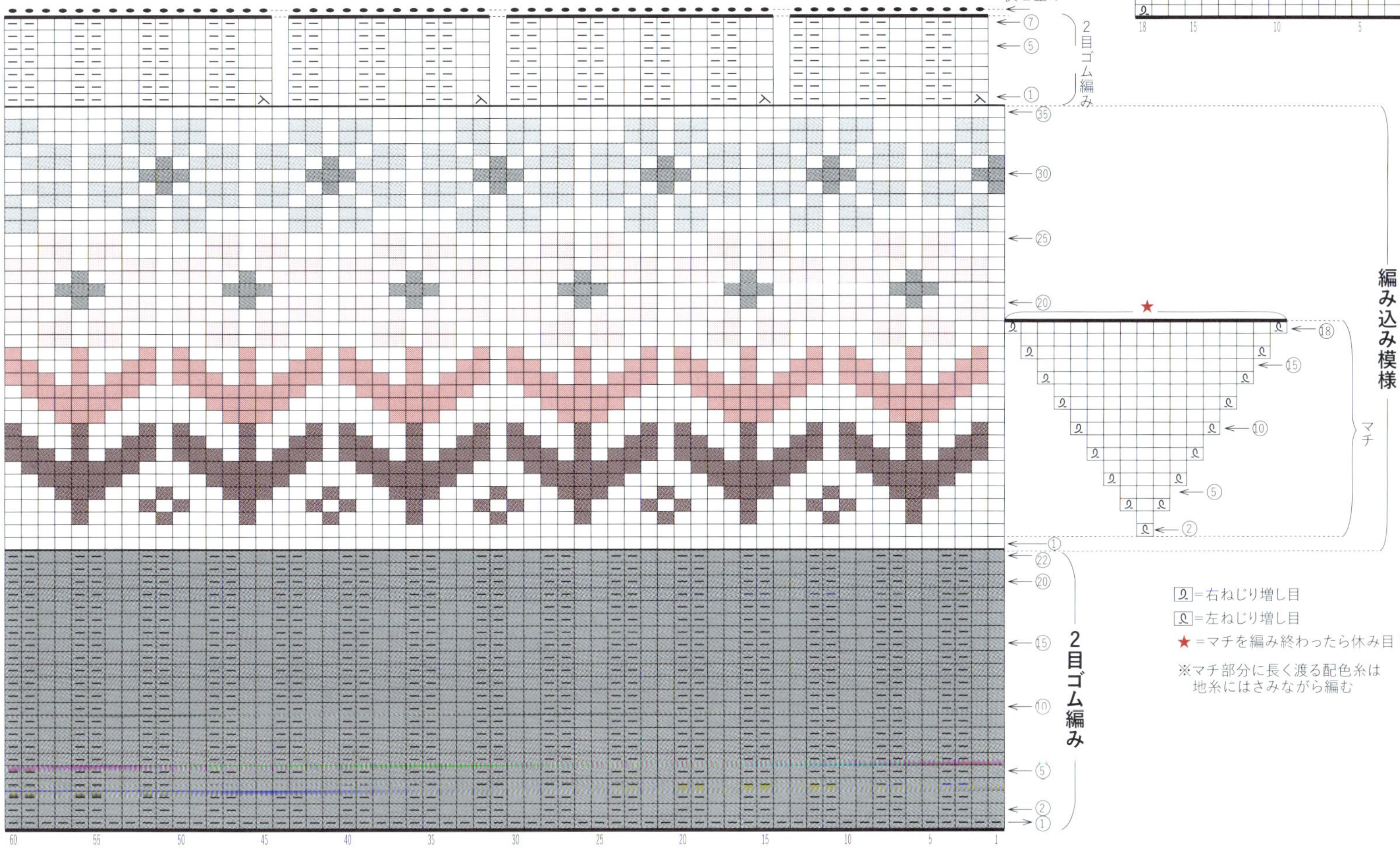


〔ℓ〕＝右ねじり増し目
〔ℓ〕＝左ねじり増し目
★＝マチを編み終わったら休み目（17目）
※マチ部分に長く渡る配色糸は
地糸にはさみながら編む

親指

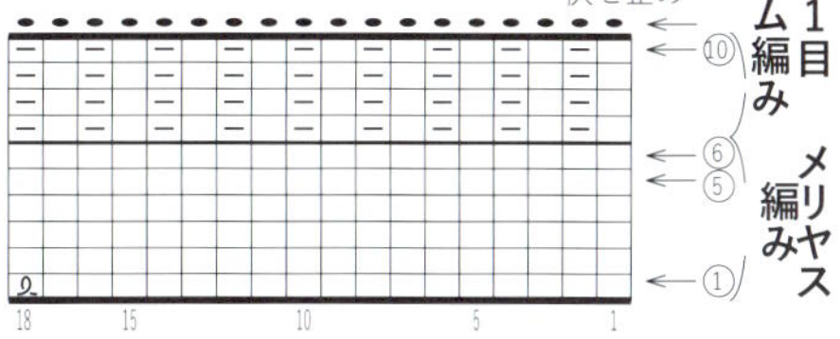

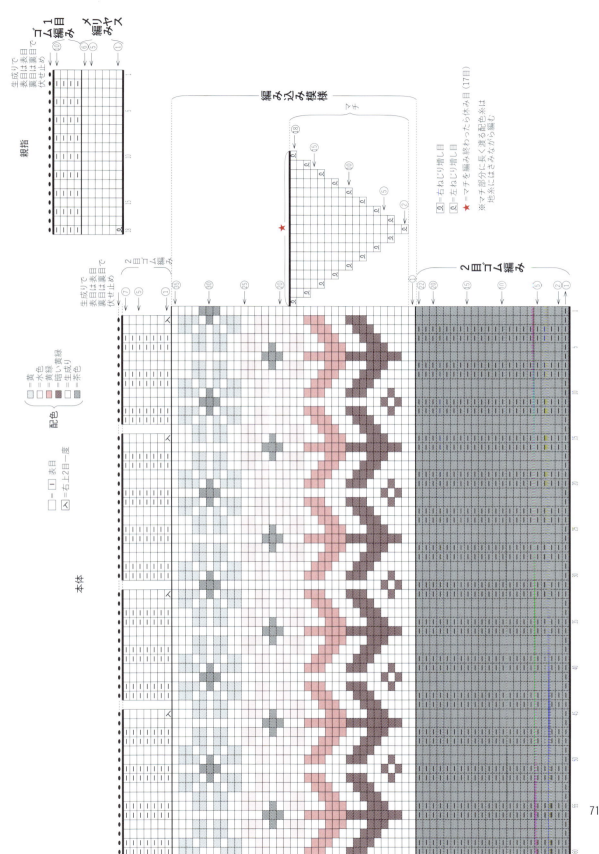

PHOTO P.30　**アニマルハンドウォーマー**

**材料と用具**
ハマナカ　エクシードウールFL《合太》
　薄茶(703)40g　白(701)20g
棒針4号・3号

**できあがりサイズ** / 手のひらまわり18cm　深さ21.5cm

**ゲージ** / 10cm平方で編み込み模様 31目×36段

**編み方のポイント**

●本体は指でかける作り目で56目作って輪にし、2目ゴム編みで12段編む。続けて図を参照して糸を横に渡す編み込み模様で56段編む(途中で親指の位置には別糸を編み入れる)。続けて1段めで減目をし、2目ゴム編みで8段編む。編み終わりは伏せ止める。

●親指は別糸をほどいて輪の状態で拾い目をし、メリヤス編みで12段編み、1目ゴム編みで2段編む。編み終わりは伏せ止める。

**本体**

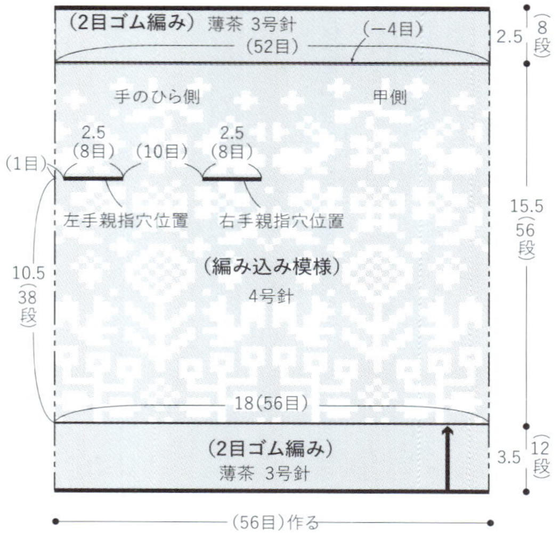


**親指**

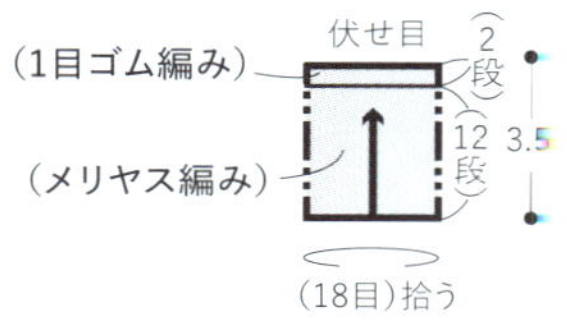


親指

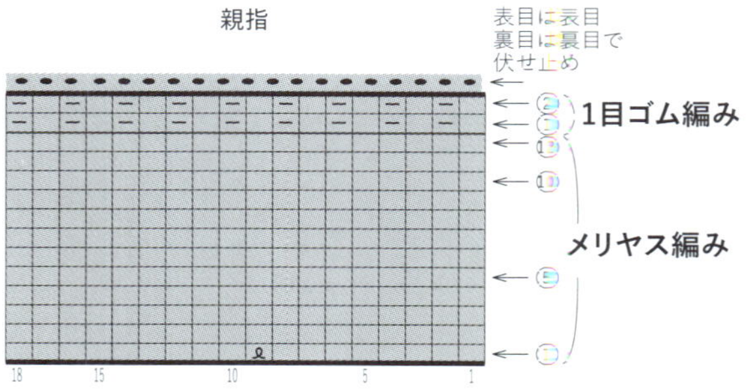


□=□ 表目
ዲ=ねじり増し目

## 本体

□＝□ 表目
⋌＝左上2目一度

配色 □＝白 ▨＝薄茶

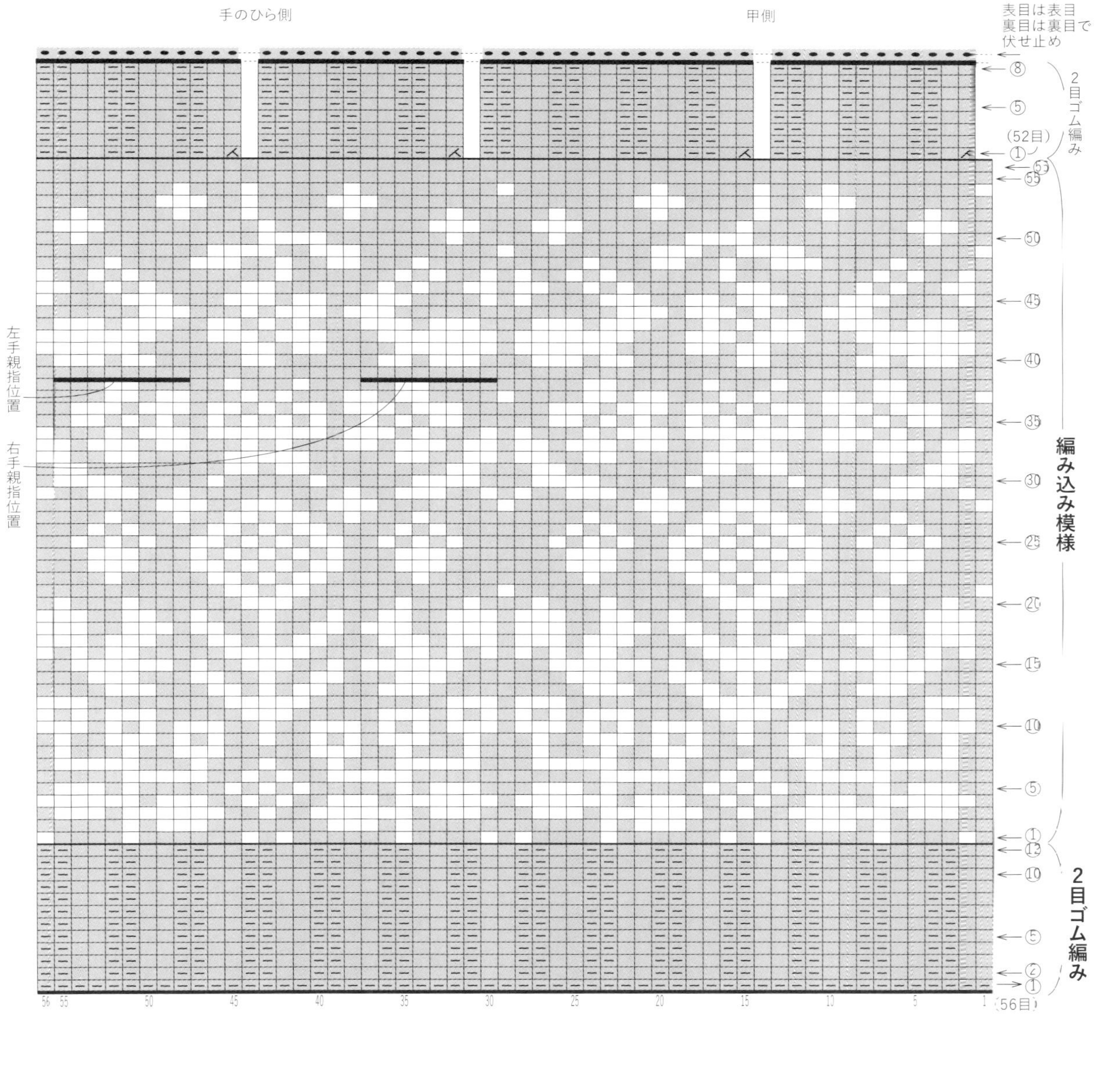

PHOTO P.31

# ラウンド＆スクエアモチーフバッグ

**材料と用具**

ハマナカ　アメリー

グレー(22)70g　生成り(20)55g　えんじ(19)・赤紫(26)・青緑(47)・紺(53)各10g

木製持ち手(幅20cm×高さ9.5cm)1組

かぎ針6/0号

**できあがりサイズ** / 幅30cm　深さ30cm(持ち手含まず)

**ゲージ** / モチーフ 7.5cm×7.5cm

10cm平方で細編み 24目×26段

**編み方のポイント**

●モチーフは輪の作り目で編み始め、配色表を参照しながらモチーフA、B、C、Dをそれぞれ必要枚数編む。

●図を参照してモチーフ同士を外表に重ね、❶〜⓫の順に細編みを編みながらつなぐ。

●入れ口に糸をつけ、細編み縞で輪に9段編む。

●持ち手通しは指定の位置2か所に糸をつけ細編みで12段編む。持ち手通しは持ち手をくるんで、内側に巻きかがる。

モチーフ配色表

| 段 | A…7枚 | B…6枚 | C…7枚 | D…7枚 |
|---|---|---|---|---|
| 4段 | グレー | グレー | グレー | グレー |
| 3段 | 生成り | 生成り | 生成り | 生成り |
| 2段 | 青緑 | 赤紫 | 紺 | えんじ |
| 1段 | 紺 | えんじ | 青緑 | 赤紫 |

**モチーフ**

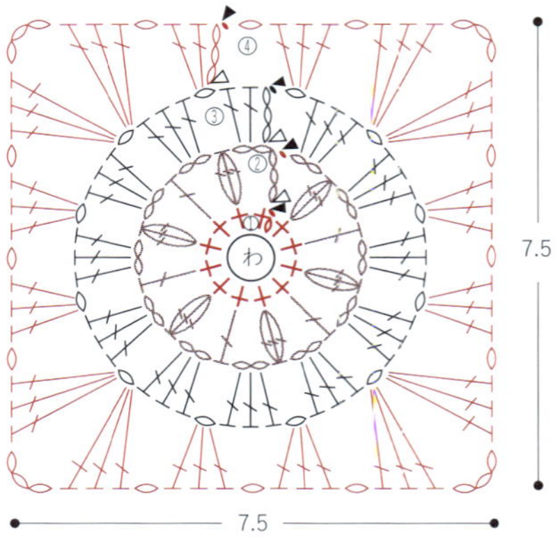


=長編み3目の玉編み(1目から拾う)

▷ = 糸をつける

▶ = 糸を切る

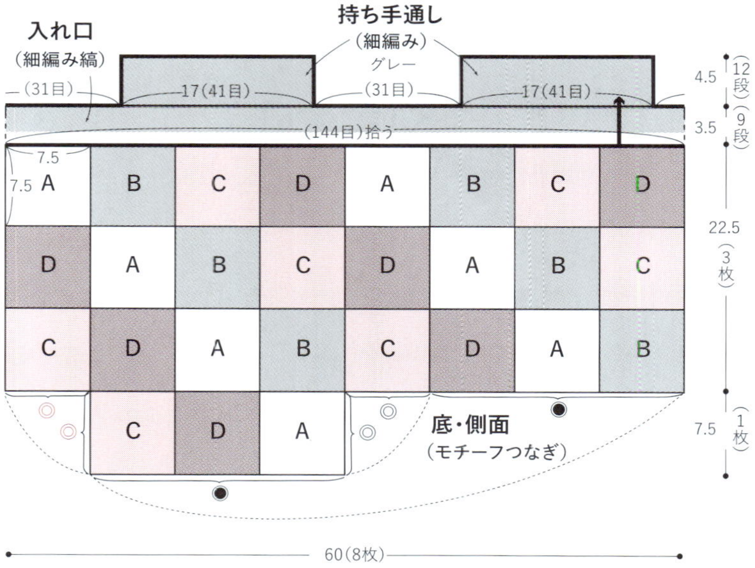


※すべて6/0号針で編む

※合印同士は細編みでつなぐ

**まとめ方**

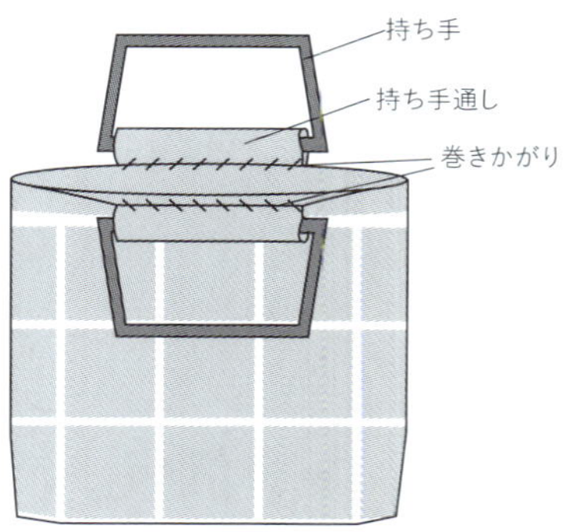


※持ち手通しは持ち手をくるんで1段めに巻きかがる

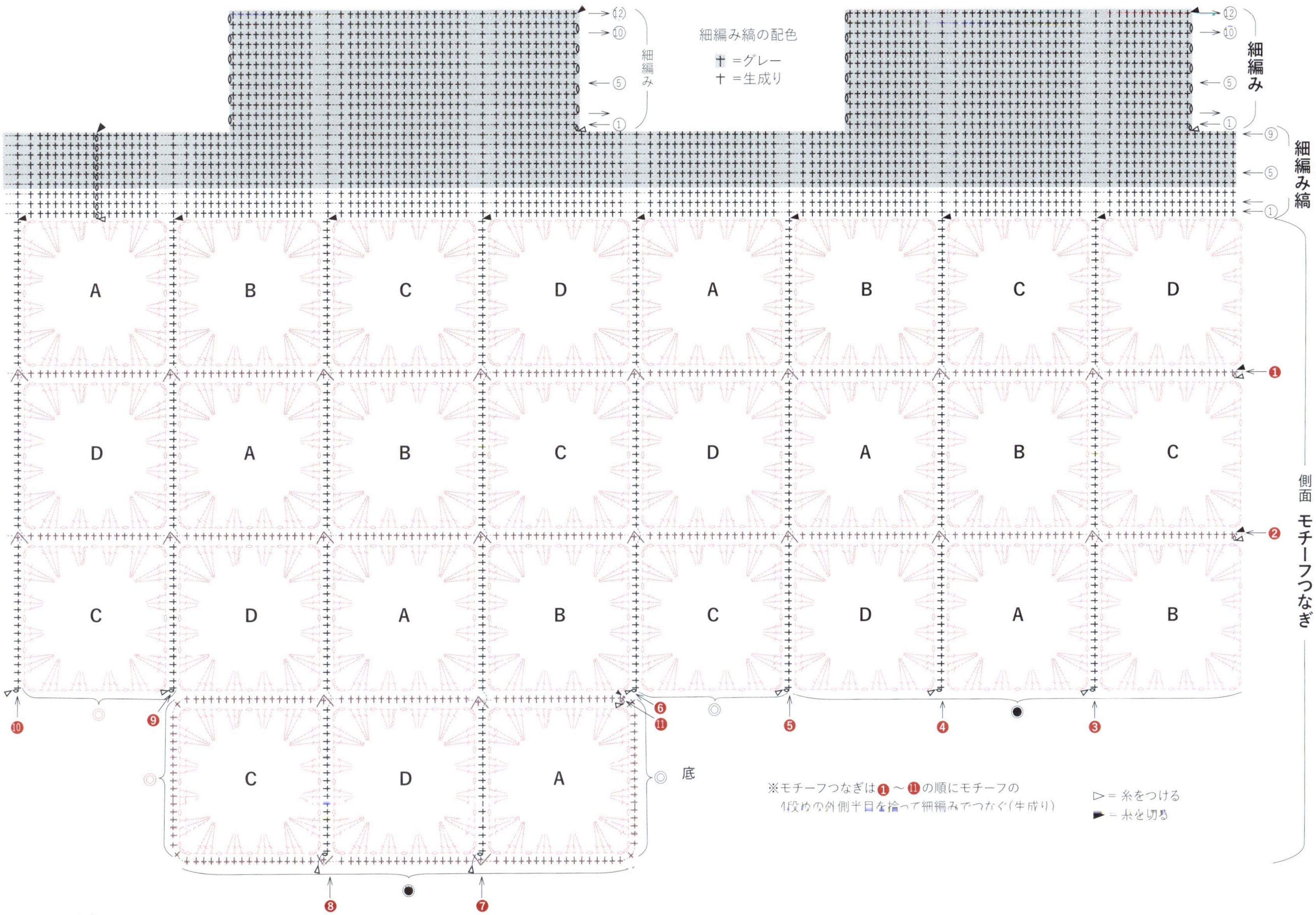
細編み縞の配色
＝グレー
＝生成り
細編み
入れ口
細編み縞
側面 モチーフつなぎ
底
A
B
C
D
※モチーフつなぎは❶～⓫の順にモチーフの
1段めの外側半目を拾って細編みでつなぐ(生成り)
▷＝糸をつける
▶＝糸を切る

PHOTO P.34-35 **グッドスリープ湯たんぽカバー**

### 材料と用具

DARUMA　シェットランドウール
　レッド(18)45g　オートミール(2)30g
棒針7号(輪針)・かぎ針6/0号

**できあがりサイズ** / 幅22cm　深さ29cm

**ゲージ** / 10cm平方でメリヤス編み・編み込み模様
23目×29段

### 編み方のポイント

●本体にジュディズ・マジック・キャストオン(P.95参照)で64目作り、図を参照し増し目をしながらメリヤス編み縞で編む。続けて増減なしに糸を横に渡す編み込み模様で34段編み、メリヤス編み縞で35段編み伏せ止めする。編み終わり側を折り山の位置で内側に折り返し、指定の位置に巻きかがってダブルの状態にする。2目ゴム編みは折り山の位置から拾い目をして8段編み、伏せ止める。

●ひもはスレッドコードで2本編む。編み始め側から指定の位置にひもを通して、ひもの先に飾りを編みつける。

**本体** 7号針

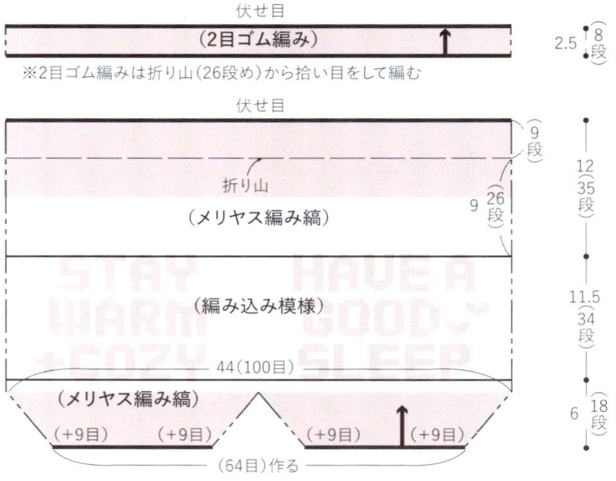


※作り目はジュディズ・マジック・キャストオン(P.95参照)

**まとめ**

※ひも2本は本体のひも通し位置にそれぞれ通し、両端の先に飾りを図を参照して編みつける

**ひもの通し方**

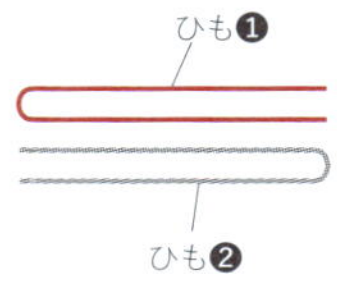


**ひも**（スレッドコード）2本

7/0号針
地糸…レッド
配色糸…オートミール

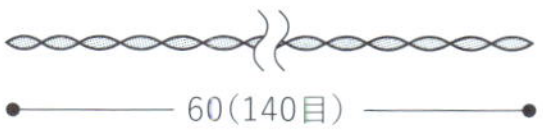


※2色で編むスレッドコード(P.92参照)
※編み終わりは糸を切らずに休ませておく

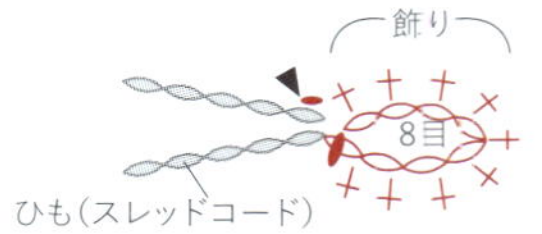


※ひもを本体に通したあと、編み終わりの糸を2本どりにして飾りを編み、編み始めに引き抜く

表目は表目、裏目は裏目に編んで伏せ止め

**2目ゴム編み**

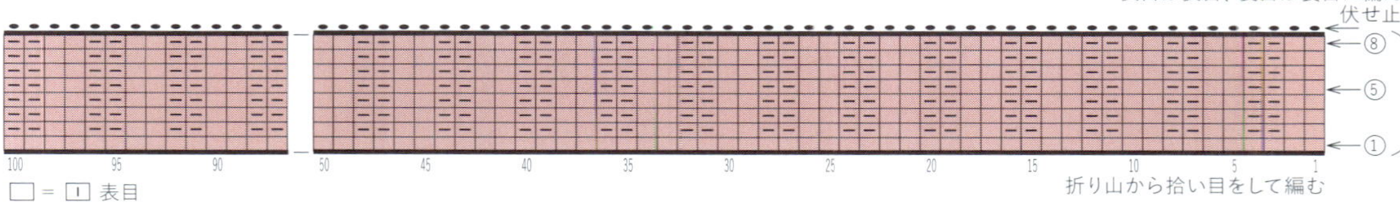


折り山から拾い目をして編む

□ = 丨 表目

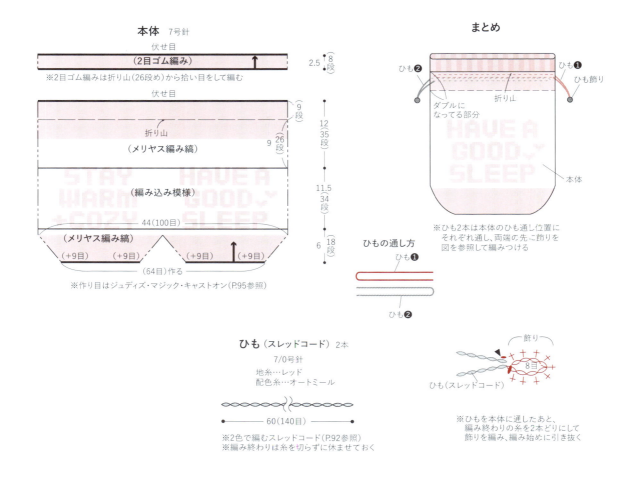

本体

□＝［I］表目

配色 ■＝レッド □＝オートミール

＝編み方はP.94

PHOTO P.32-33 **ラウンド＆スクエアモチーフブランケット**

### 材料と用具

ハマナカ　アメリー
生成り(20)175g　赤(6)・えんじ(19)・茶色(23)・赤紫(26)・薄ピンク(28)・灰味水色(29)・薄青緑(37)・からし色(41)・青緑(47)・紺(53)各20g
かぎ針6/0号

**できあがりサイズ** / 横89cm　縦65cm

**ゲージ** / モチーフ 8cm×8cm

### 編み方のポイント

●本体のモチーフは輪の作り目で編み始め、図を参照して配色を変えながら4段編む。2枚めからは4段めで隣のモチーフとつなぎながら編み、全部で70枚を編みつなぐ。縁編みは指定の位置に糸をつけ、モチーフのまわりにぐるりと5段編む。

**モチーフ**

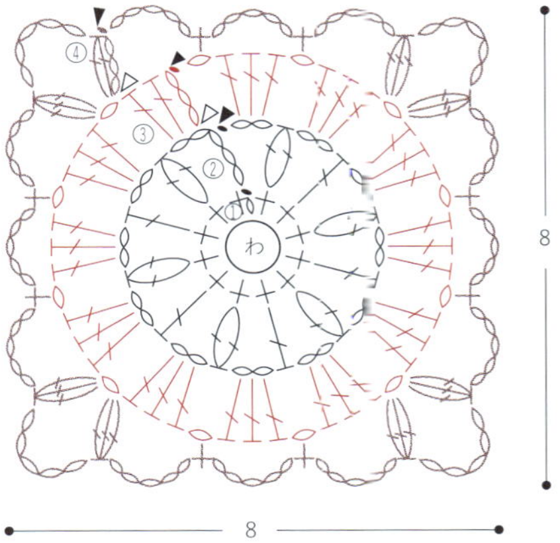


（長編み2目の玉編み記号）＝長編み2目の玉編み（目を拾って編む）
（長編み3目の玉編み記号）＝長編み3目の玉編み（束に拾って編む）

▷＝糸をつける
▶＝糸を切る

**モチーフA～J 配色表**

| | 1・2段 | 3段 | 4段 |
|---|---|---|---|
| A | 紺 | 赤紫 | 生成り |
| B | 赤紫 | 紺 | 生成り |
| C | えんじ | 薄青緑 | 生成り |
| D | 薄青緑 | えんじ | 生成り |
| E | 赤 | 茶色 | 生成り |
| F | 茶色 | 赤 | 生成り |
| G | 灰味水色 | からし色 | 生成り |
| H | からし色 | 灰味水色 | 生成り |
| I | 薄ピンク | 青緑 | 生成り |
| J | 青緑 | 薄ピンク | 生成り |

} 各7枚

**本体**（モチーフつなぎ）

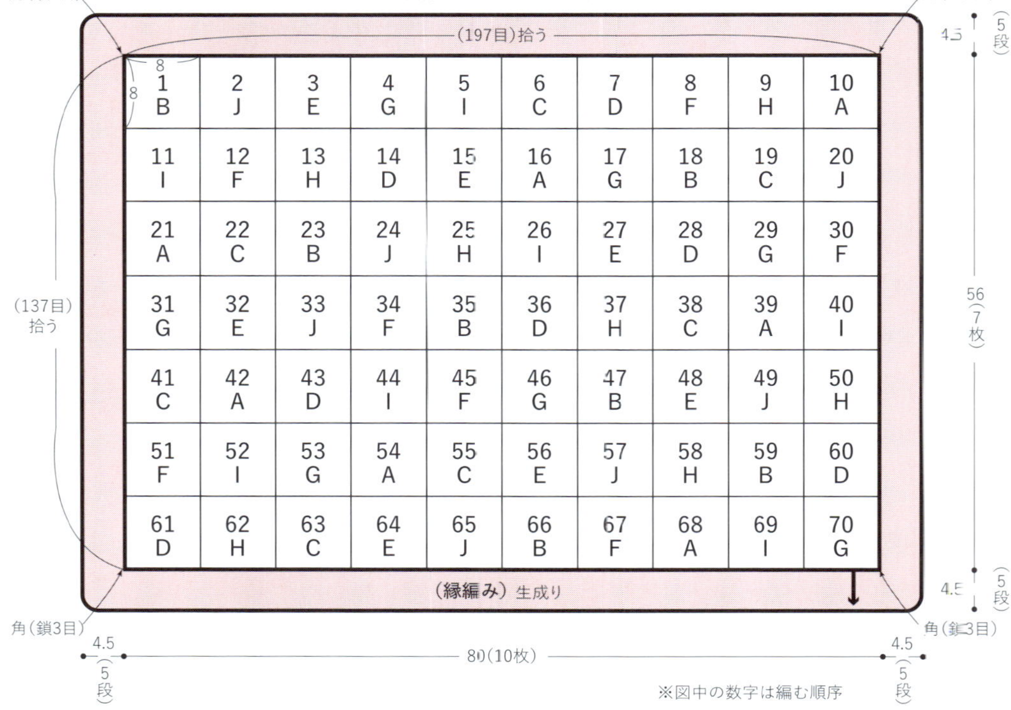


※図中の数字は編む順序

※すべて6/0号針で編む

(記号)=細編みの2目一度

PHOTO P.4,12,20,28 **編み文字**

**材料と用具**

SPRING(P.4)…オリムパス　エミーグランデ
ピンク(162)・ライトグリーン(252)・水色(341)・
からし色(582)・黄色(584)・生成り(851)各少々
SUMMER(P.12)…ハマナカ　ウオッシュコットン《クロッシェ》
灰味青(110)・紺(124)・ネイビー(127)・青緑(131)・
水色(135)・青(144)各少々
AUTUMN(P.20)…DARUMA　レース糸#20
うす茶(4)・チェリーピンク(6)・赤(10)・オリーブ(11)・
レモン(12)・マスタード(17)各少々
WINTER(P.28)…sawada itto　こねり
栗(7)・つつじ(9)・さんご(10)・煉瓦(12)・山ぶどう(13)・
紅(14)各少々
かぎ針2/0号(共通)

**できあがりサイズ** / 図参照

**編み方のポイント**

●各図を参照して編む。

SPRING色表

| 英文字 | 色 |
|---|---|
| S | からし色 |
| P | ライトグリーン |
| R | 生成り |
| I | 黄色 |
| N | 水色 |
| G | ピンク |

SUMMER色表

| 英文字 | 色 |
|---|---|
| S | 青 |
| U | 紺 |
| M | 青緑 |
| M | 水色 |
| E | ネイビー |
| R | 灰味青 |

AUTUMN色表

| 英文字 | 色 |
|---|---|
| A | オリーブ |
| U | マスタード |
| T | レモン |
| U | チェリーピンク |
| M | うす茶 |
| N | 赤 |

WINTER色表

| 英文字 | 色 |
|---|---|
| W | 山ぶどう |
| I | 紅 |
| N | 栗 |
| T | 煉瓦 |
| E | さんご |
| R | つつじ |

▷ = 糸をつける
▶ = 糸を切る

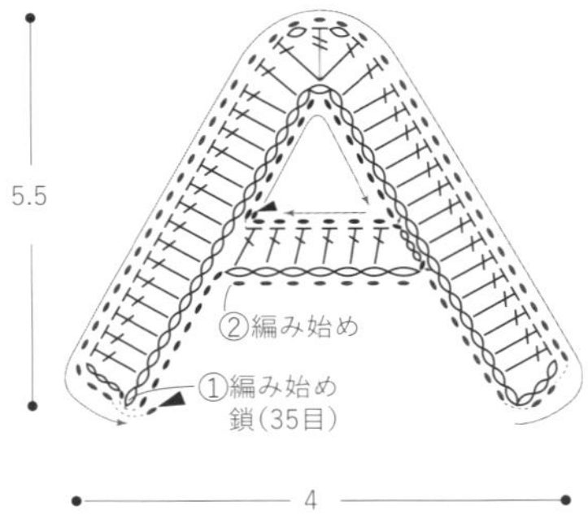


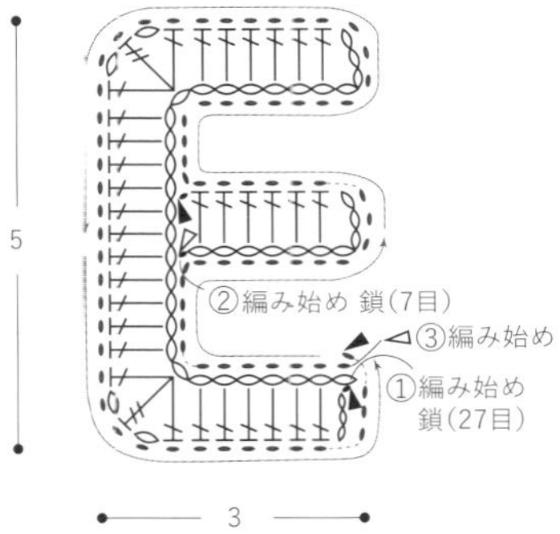


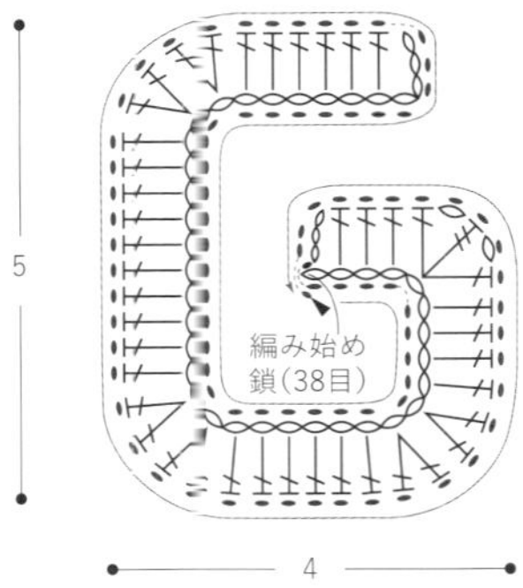

▷＝糸をつける
▶＝糸を切る

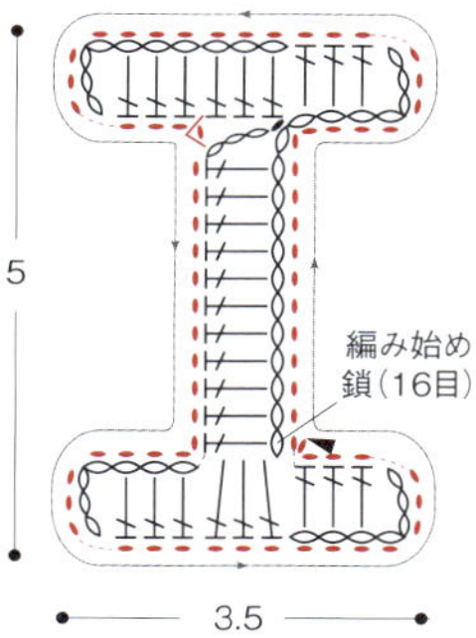


△＝長編み、鎖の順に
針を入れて一度に引き抜く

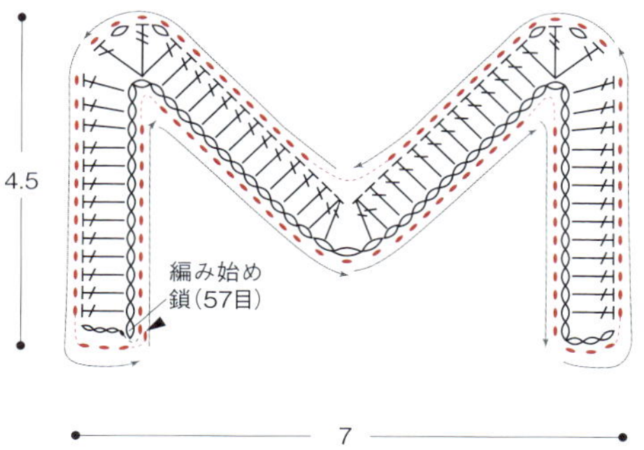


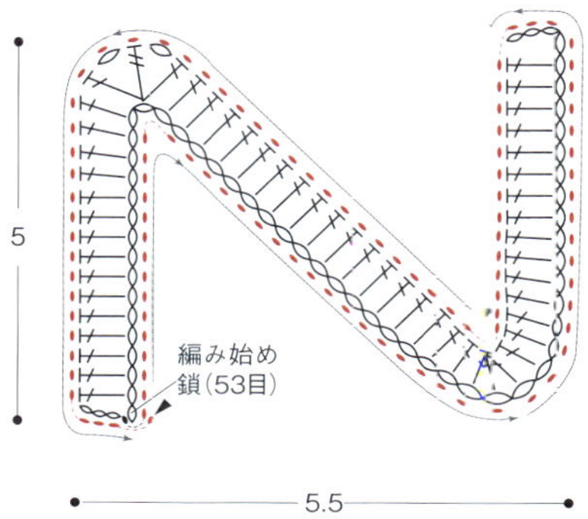


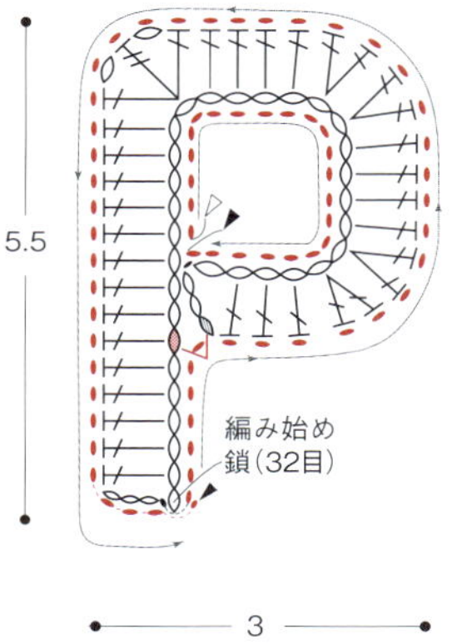


△＝●、●の順に
針を入れて一度に引き抜く

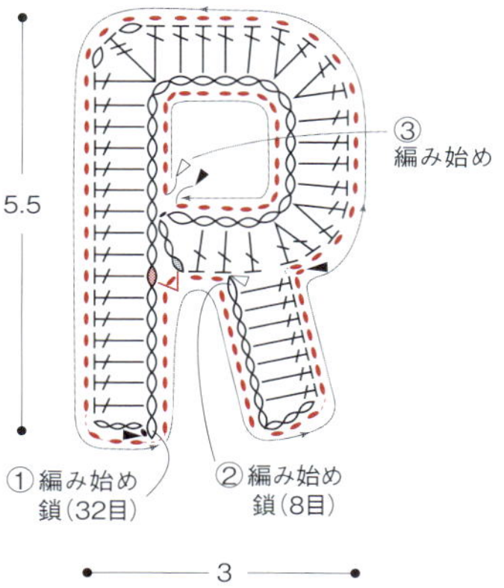


△＝●、●の順に
針を入れて一度に引き抜く

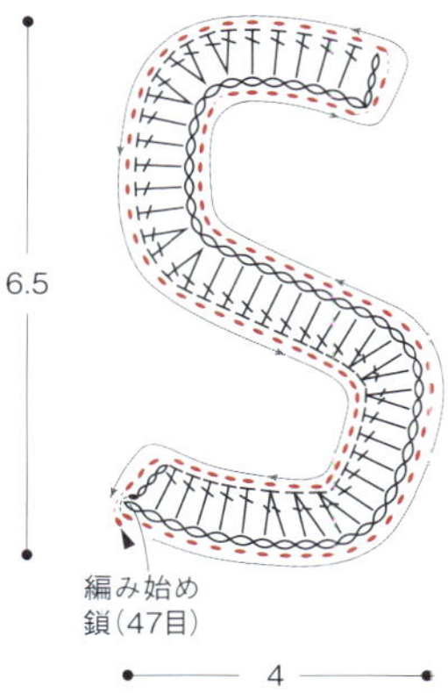


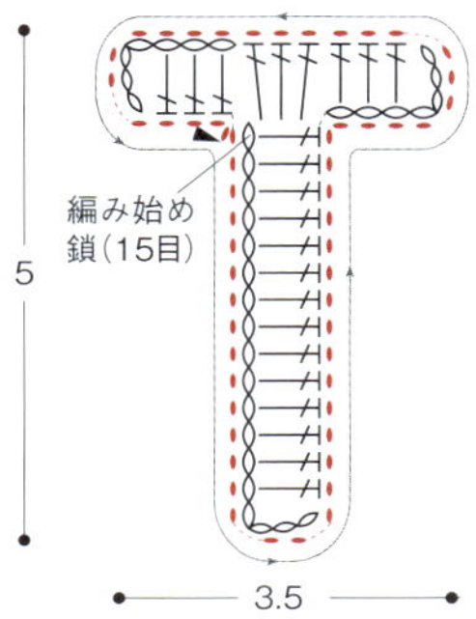


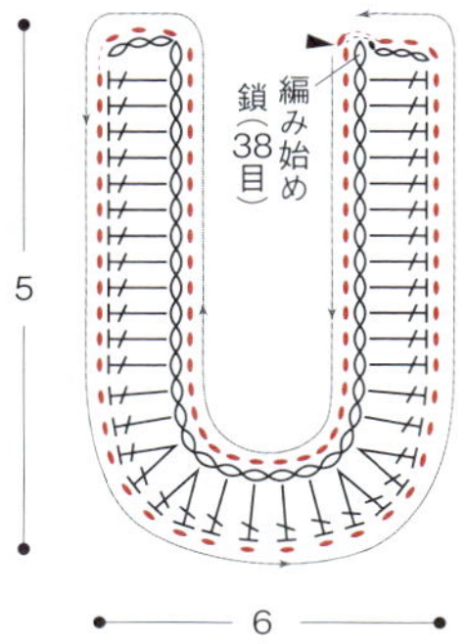


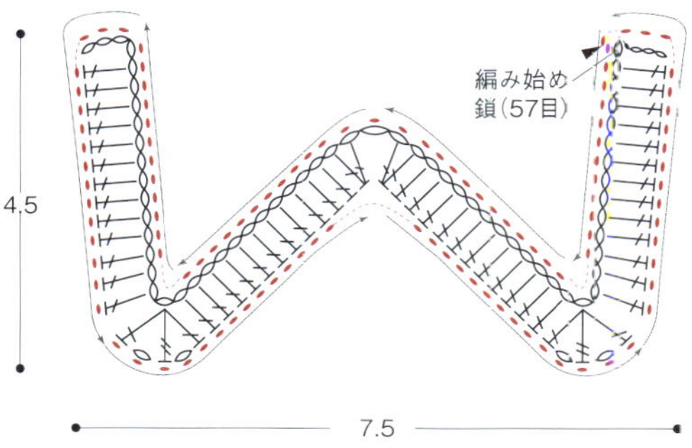

PHOTO P.5

## 春のブローチ（イチゴ）

### 材料と用具

オリムパス　エミーグランデ
　a…ワインレッド(194)2g　モスグリーン(288)少々
　b…灰味ピンク(162)2g
　共通…ライトグレージュ(811)少々
オリムパス　エミーグランデ〈カラーズ〉
　共通…クリーム色(804)・オイルイエロー(582)各少々
　b…薄緑(273)少々
長さ2.5cmのブローチピン1個
レース針0号

**できあがりサイズ** / 縦6cm　横4cm

### 編み方のポイント

●実は図を参照して編み、編み終わったらたねをストレートステッチする。

●花、へたは図を参照して編み、実にバランスよく縫いつける。

●裏面にブローチピンを縫いつける。

実

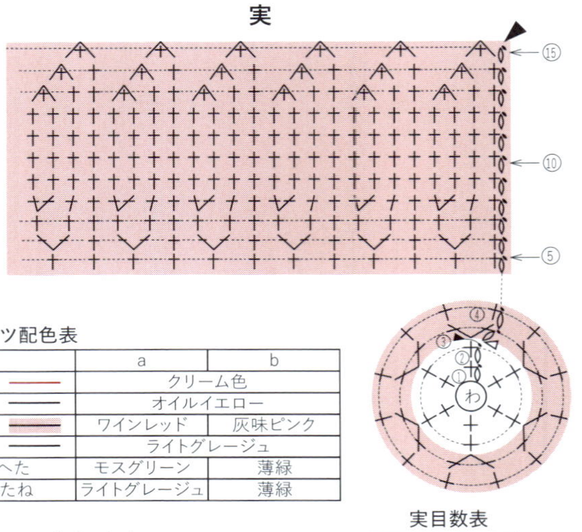

パーツ配色表

| | | a | b |
|---|---|---|---|
| 花 | 赤線 | クリーム色 | |
| | 黒線 | オイルイエロー | |
| 実 | ピンク線 | ワインレッド | 灰味ピンク |
| | 黒線 | ライトグレージュ | |
| へた | | モスグリーン | 薄緑 |
| たね | | ライトグレージュ | 薄緑 |

実目数表

| 段 | 目数 | |
|---|---|---|
| 15段 | 6目 | (−6目) |
| 14段 | 12目 | (−6目) |
| 13段 | 18目 | (−6目) |
| 9〜12段 | 24目 | |
| 8段 | 24目 | (+6目) |
| 7段 | 18目 | |
| 6段 | 18目 | (+6目) |
| 4・5段 | 12目 | |
| 3段 | 12目 | (+6目) |
| 1・2段 | 6目 | |

まとめ方

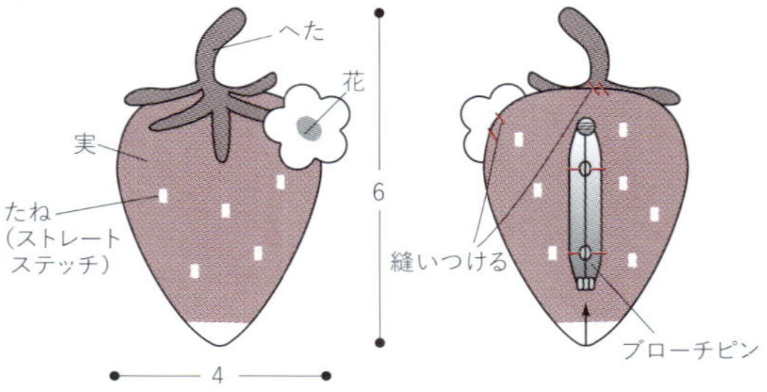


▷ = 糸をつける
▶ = 糸を切る

花

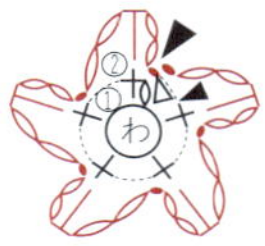


へた

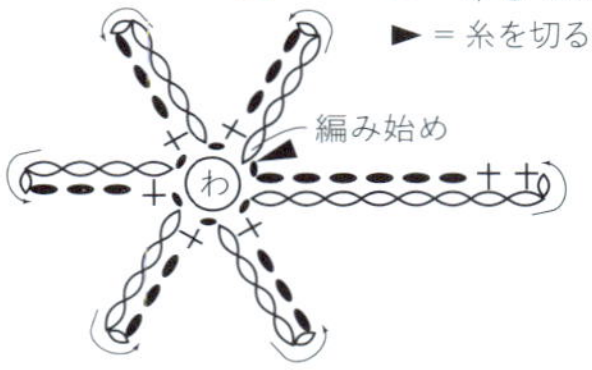


PHOTO P.5

## 春のブローチ（スワン）

### 材料と用具

ハマナカ　ウオッシュコットン《クロッシェ》
　c:白(101)、d:紺(127)各少々
長さ2.5cmのブローチピン1個
フェルト(c:茶色、d:白)5.5cm×5.5cm
かぎ針3/0号

**できあがりサイズ** / 縦5.5cm　横5.5cm

### 編み方のポイント

●頭、首、羽は図を参照して編む。

●胴体は図を参照して3段編み、続けて胴体、首、頭を重ねて配置し、まわりを引き抜き編みで編む。

●羽はバランス良く胴体に縫いつける。

●フェルトを接着剤で裏面に貼り、くちばし部分を残してまわりをカットする。

●裏面にブローチピンを縫いつける。

▶ = 糸を切る

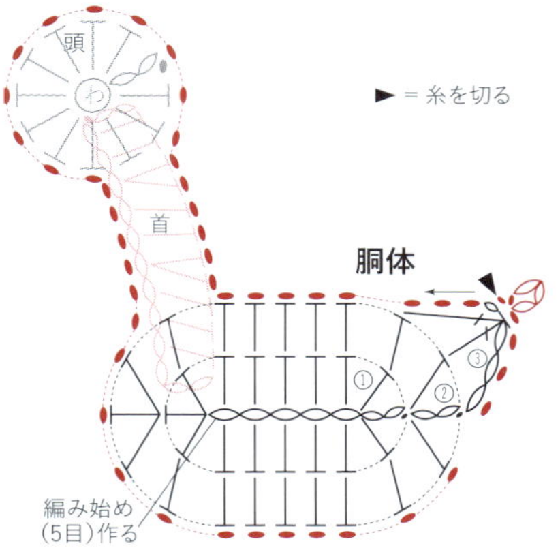


羽

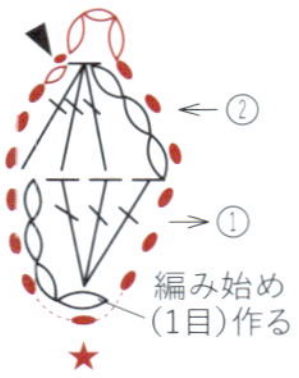


頭

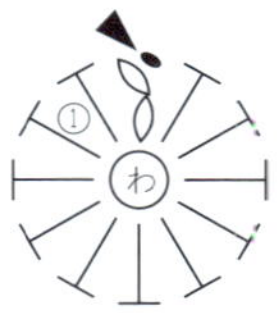


まとめ方

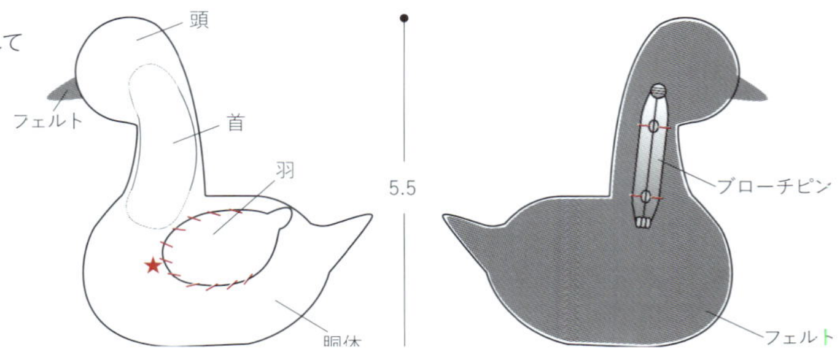


首

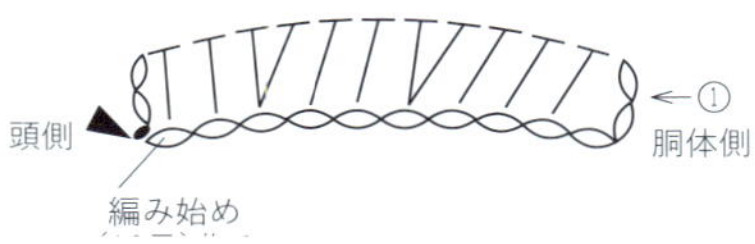

**PHOTO P.5**

## 春のブローチ（ライラック）

### 材料と用具

オリムパス　金票40番レース糸

e…イエローカーキ(284)・紫(654)・薄紫(672)各少々

f…薄ピンク(101)・灰味ピンク(165)・黄緑(293)各少々

フェルト(ベージュ)8cm×6.5cm

長さ2.5cmのブローチピン1個

レース針8号

**できあがりサイズ** / 縦6.5cm　横5cm

### 編み方のポイント

●土台のフェルトをカットする。

●葉は図を参照して編む。

●花A～Dは図を参照して必要枚数を編み、カットした土台にバランス良く接着剤で貼る。花の中心にフレンチノットステッチをする。

●5cm×6.5cmのフェルトに葉と花を貼りつけた土台を貼る(花部分のフェルトは二重になる)。フェルトは形に合わせてまわりをカットする。

●裏面にブローチピンを縫いつける。

### 花A、B

A…5枚、B…4枚

### 花C、D

C…4枚、D…2枚

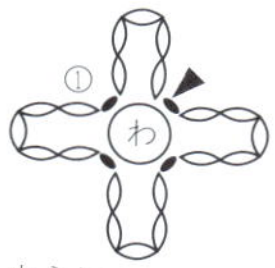


※土台に貼りつけたら中心にフレンチノットステッチ(1回巻き)をする

### 葉

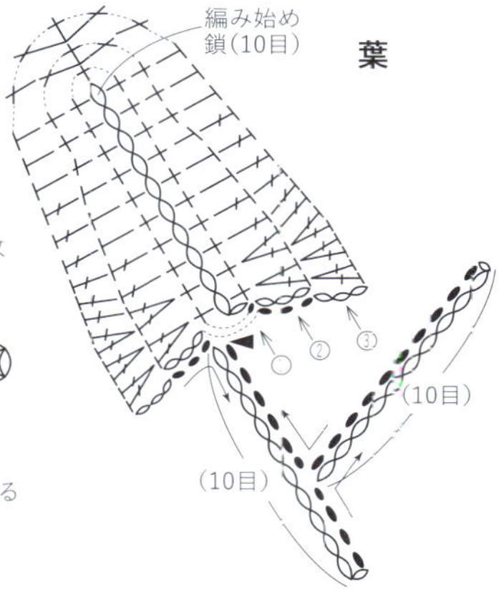


▶ = 糸を切る

### 土台

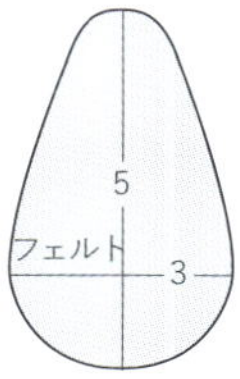


パーツ配色表

| | e | f |
|---|---|---|
| 花A・花C | 紫 | 灰味ピンク |
| 花B・花D | 薄紫 | 薄ピンク |
| 葉・フレンチノットステッチ | イエローカーキ | 黄緑 |

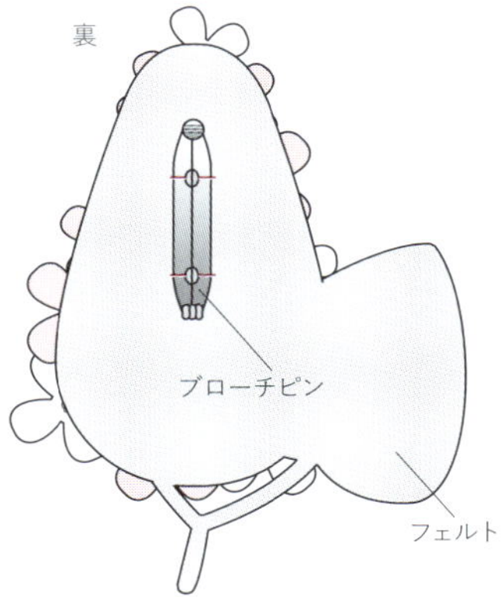


### まとめ方

e 表

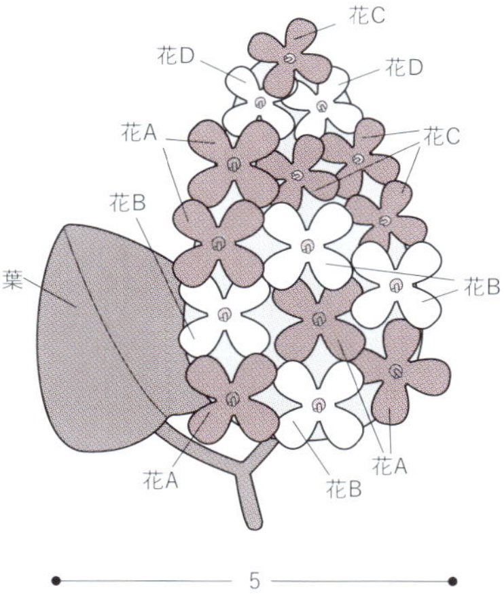


f 表

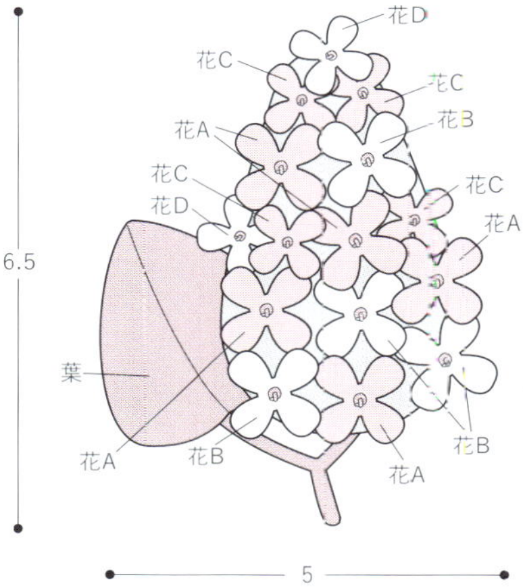


**PHOTO P.13**

## 夏のブローチ（浮き輪）

### 材料と用具

ごしょう産業 毛糸ピエロ　コットンニィート(S)

a…アイボリー(02)・サファイアブルー(12)各少々

b…アイボリー(02)・カーマイン(26)各少々

長さ2.5cmのブローチピン1個

フェルト(白)4cm×4cm

かぎ針4/0号

**できあがりサイズ** / 直径4cm

### 編み方のポイント

●本体は図を参照して配色を替えながら3段編む。

●フェルトを本体より一回り小さい円形でカットし、中心側も1.5cmの円形でカットする。本体の裏面にフェルトを接着剤で貼る。

●裏面にブローチピンを縫いつける。

### 本体

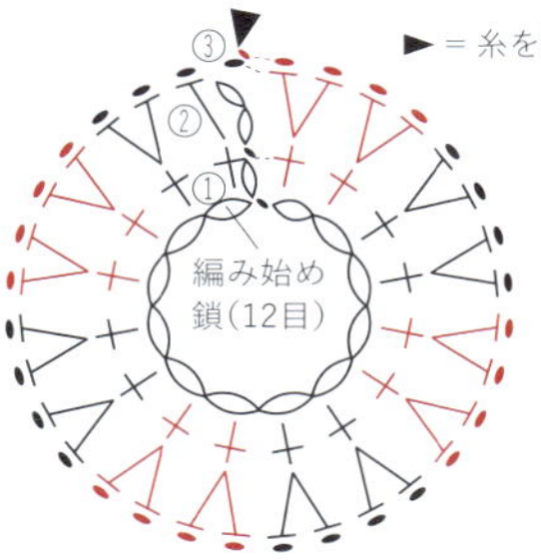


▶ = 糸を切る

※1段めは作り目の鎖を編みくるみながら編む
※配色糸は1、2段めは編みくるみながら、3段めは裏に渡しながら編む

本体配色表

| | a | b |
|---|---|---|
| | サファイアブルー | カーマイン |
| | アイボリー | アイボリー |

### まとめ方

表

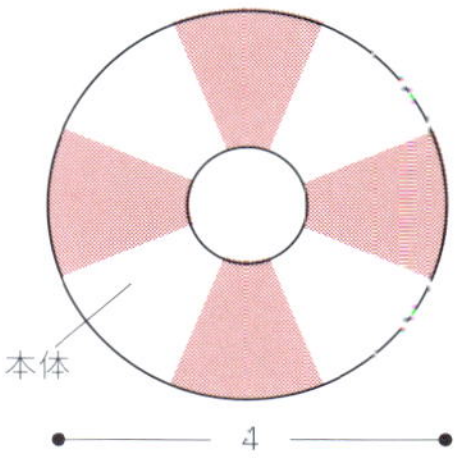


裏

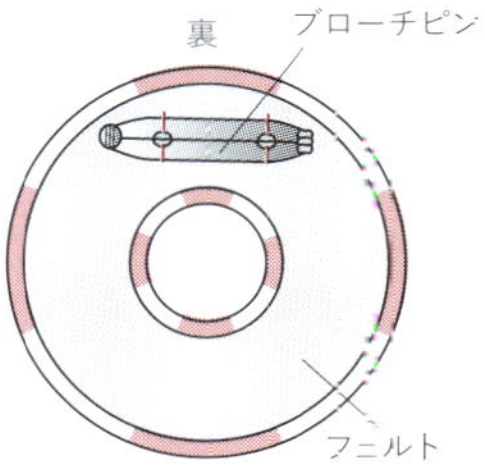

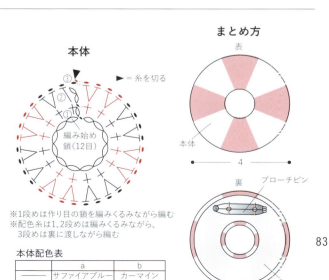

PHOTO P.5 **春のブローチ（ヒヤシンス）**

### 材料と用具

オリムパス　金票40番レース糸

g…深緑(257)・オリーブ(289)・生成り(802)・薄ベージュ(852)各少々

h…イエローカーキ(284)・黄緑(293)・青緑(342)・薄水色(361)・水色(364)各少々

フェルト(ベージュ)8cm×8cm

長さ2.5cmのブローチピン1個

レース針8号

**できあがりサイズ** / 縦6.5cm　横5cm

### 編み方のポイント

●土台のフェルトをカットする。

●葉は図を参照して編む。

●花は図を参照して各色必要枚数を編み、カットした土台にバランス良く接着剤で貼る。花の中心にフレンチノットステッチをする。

●5cm×6.5cmのフェルトに葉と花を貼りつけた土台を貼る(花部分のフェルトは二重になる)。フェルトは形に合わせてまわりをカットする。

●裏面にブローチピンを縫いつける。

パーツ配色表

| | g | h |
|---|---|---|
| 花A | 生なり | 青緑 |
| 花B | 薄ベージュ | 水色 |
| 花C | | 薄水色 |
| 葉A | 深緑 | 黄緑 |
| 葉B・フレンチノットステッチ | オリーブ | イエローカーキ |

**葉**　A・B…各1枚

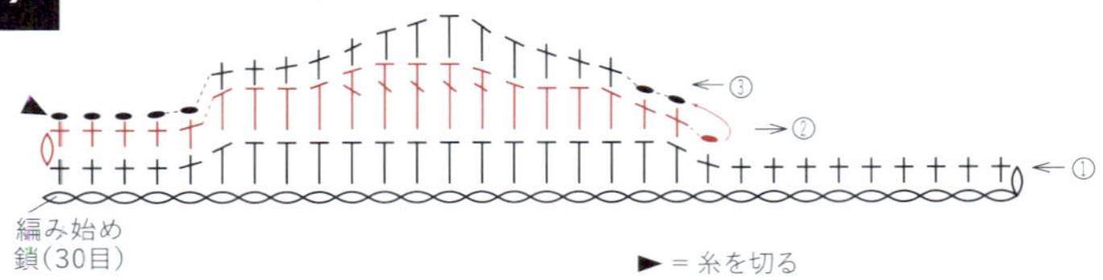


**花**

g　A…8枚、B…7枚

h　A〜C…各5枚

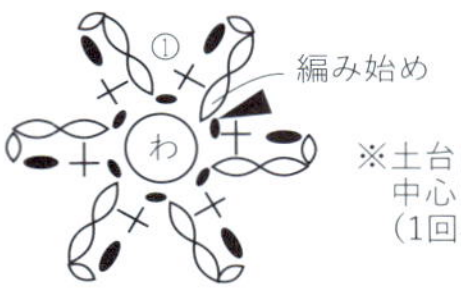


※土台に貼りつけたら中心にフレンチノット(1回巻き)する

**土台**

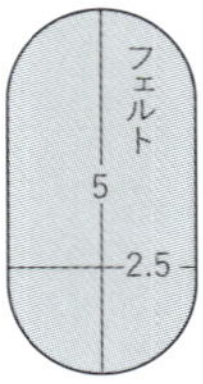


**まとめ方**

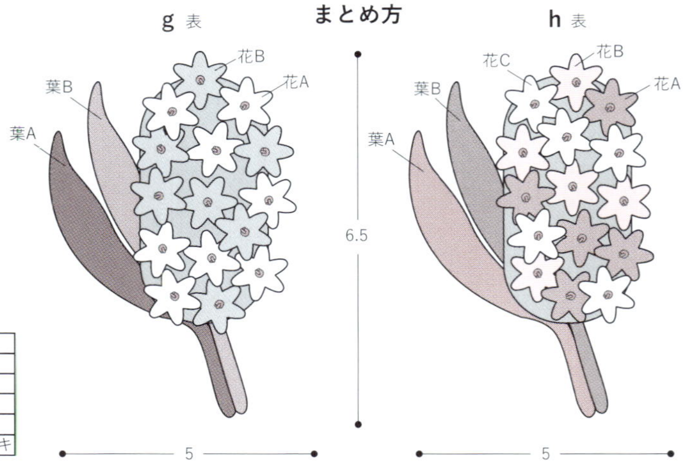


PHOTO P.13 **夏のブローチ（流れ星）**

### 材料と用具

DARUMA　レース糸#20

e…きなり(2)・スモークブルー(7)・レモン(12)・マスタード(17)各少々

f…きなり(2)・ピーコックブルー(8)・レモン(12)・ミント(16)各少々

g…きなり(2)・スモークブルー(7)・ピーコックブルー(8)・レモン(12)各少々

長さ2.5cmのブローチピン1個

フェルト(ベージュ)7cm×4cm

かぎ針2/0号

**できあがりサイズ** / 縦4cm　横7cm

### 編み方のポイント

●星、ラインは図を参照して編み、7cm×4cmのフェルトに星、ラインをバランス良く接着剤で貼る。フェルトは形に合わせてまわりをカットする。

●裏面にブローチピンを縫いつける。

**星**

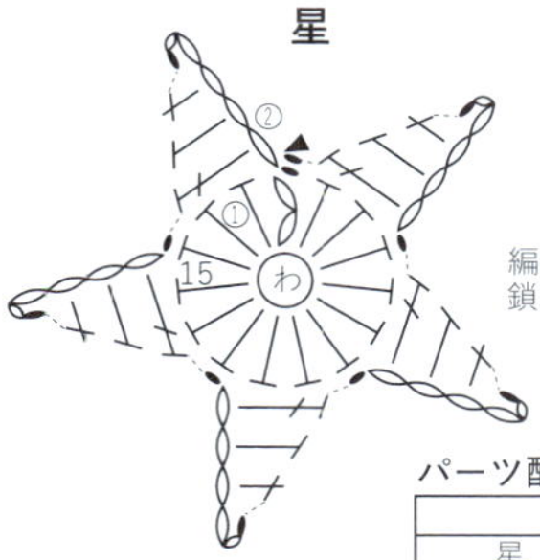


**ライン**

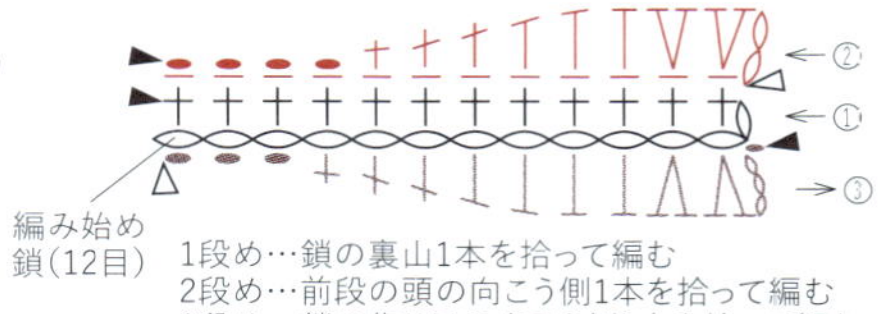


1段め…鎖の裏山1本を拾って編む
2段め…前段の頭の向こう側1本を拾って編む
3段め…鎖の作り目の向こう側1本を拾って編む

▷ = 糸をつける
▶ = 糸を切る

パーツ配色表

| | | e | f | g |
|---|---|---|---|---|
| 星 | | マスタード | レモン | スモークブルー |
| 軌跡 | 3段め | レモン | ピーコックブルー | ピーコックブルー |
| | 2段め | スモークブルー | ミント | レモン |
| | 1段め | きなり | きなり | きなり |

**まとめ方**

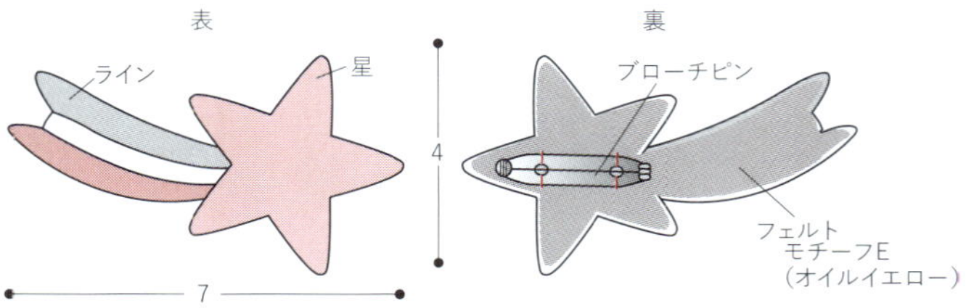

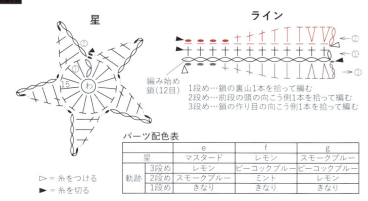

PHOTO P.13 **夏のブローチ（バブル）**

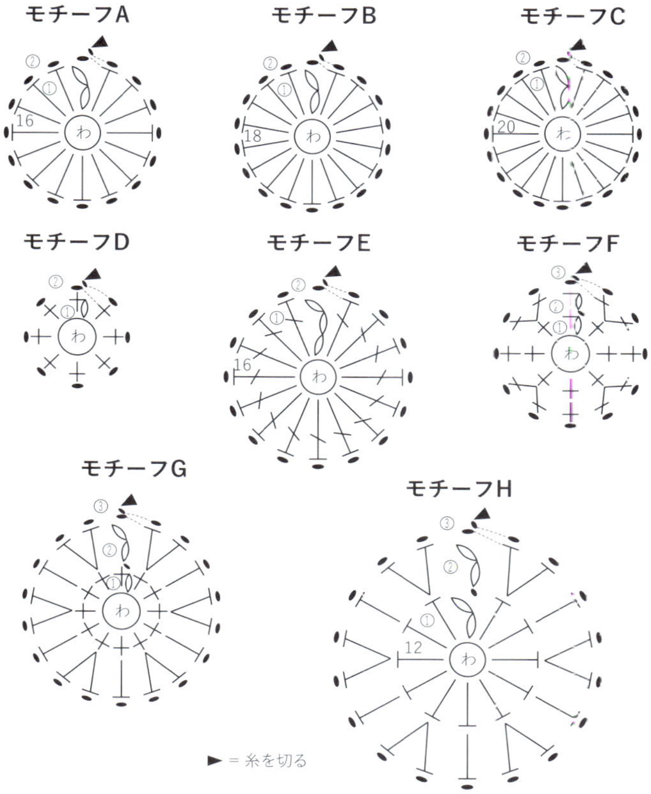


### 材料と用具

c…sawada itto　こねり
　すずらん(1)・栗(7)・桜(8)・つつじ(9)・
　くじゃく(20)・はっか(23)各少々
d…オリムパス　エミーグランデ
　ライトグリーン(252)・紺(318)・
　ダルブルー(343)・オイルイエロー(582)各少々
　オリムパス　エミーグランデ〈カラーズ〉
　ウイローグリーン(273)・クリーム色(804)各少々
長さ2.5cmのブローチピン1個
フェルト(白)c:5cm×4.5cm　d:5.5cm×4.5cm
かぎ針2/0号

**できあがりサイズ** / 図参照

**編み方のポイント**

●モチーフは図を参照してそれぞれ編む。作り目の輪は好みで締め具合を変えて中心に空間を残す。モチーフをフェルトにバランス良く接着剤で貼る。フェルトは形に合わせてまわりをカットする。

●裏面にブローチピンを縫いつける。

**（ヒヤシンスつづき）**

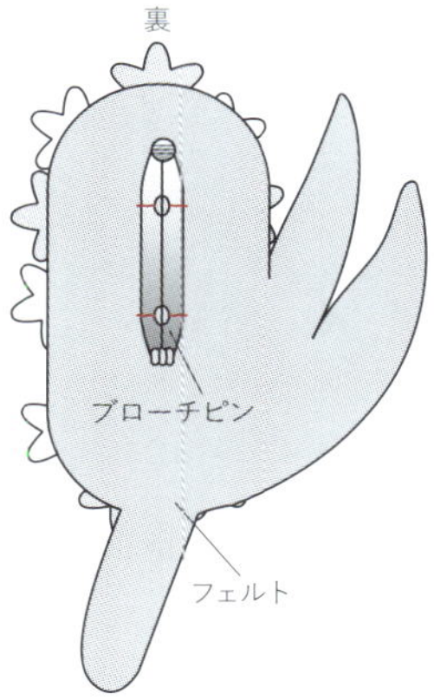


**まとめ方**

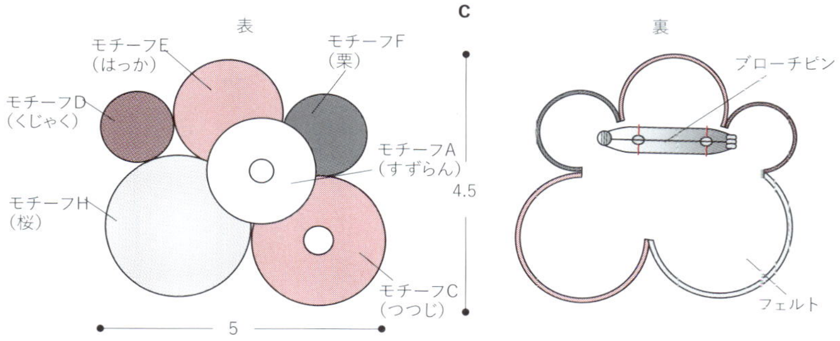


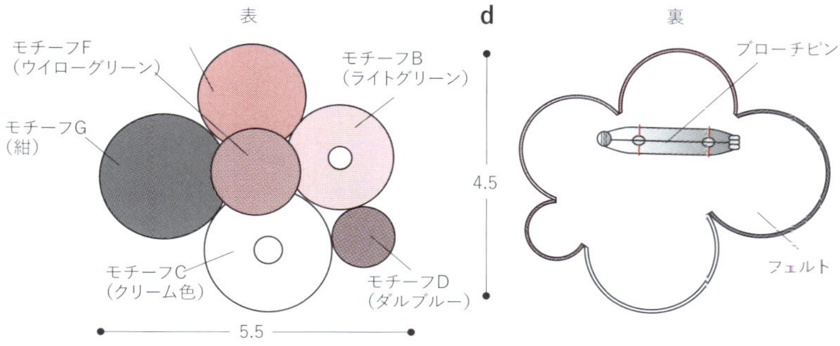

PHOTO P.21

## 秋のブローチ（丸）

### 材料と用具

DARUMA　レース糸#20
　ピーコックブルー(8)・レモン(12)・
　ライトグレー(13)各少々
長さ2.5cmのブローチピン1個
フェルト(ベージュ)4.5cm×4.5cm
かぎ針2/0号

**できあがりサイズ** / 縦4.5cm　横4.5cm

### 編み方のポイント

●本体のモチーフは輪の作り目で編み始め、図を参照して1段編む。2枚めからは隣りのモチーフとつなぎながら全部で9枚編む(針を一度外してつなぐ方法)。

●4.5cm×4.5cmのフェルトに本体を接着剤で貼る。フェルトは形に合わせてまわりをカットする。

●裏面にブローチピンを縫いつける。

※1～9の順につなぐ

本体

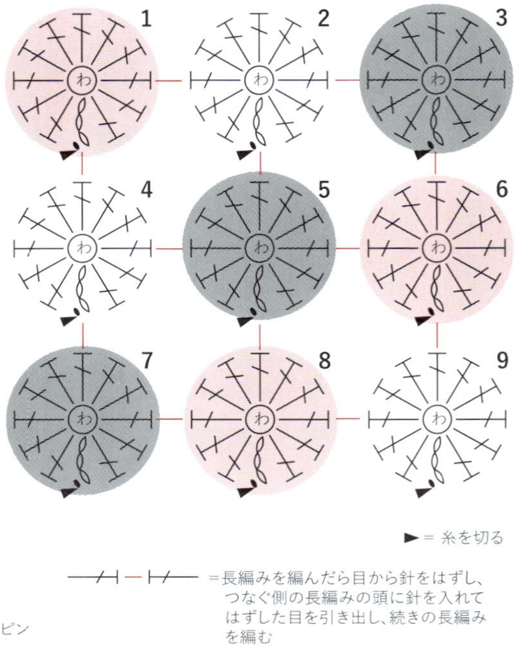


モチーフ配色表

| | |
|---|---|
| ● | レモン |
| ○ | ライトグレー |
| ○(ピンク) | ピーコックブルー |

まとめ方

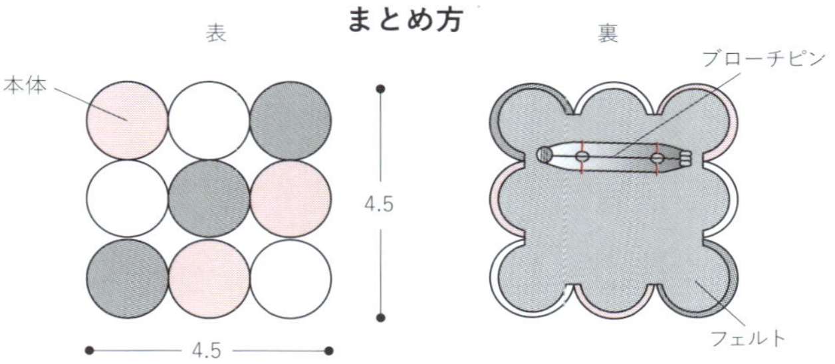


PHOTO P.21

## 秋のブローチ（スクエア）

### 材料と用具

ハマナカ　純毛中細
　灰味水色(39)・茶色(46)各少々
長さ2.5cmのブローチピン1個
棒針4号・かぎ針3/0号

**できあがりサイズ** / 縦3.5cm　横4.5cm

### 編み方のポイント

●本体は指でかける作り目で28目作って、輪にする。図を参照し、糸を横に渡す編み込み模様で編んで伏せ止めする。本体の1段め(★)と11段め(★)をそれぞれ重ねて引き抜きはぎする。

●裏面にブローチピンを縫いつける。

本体配色表

| | |
|---|---|
| ■(ピンク) | 灰味水色 |
| □ | 茶色 |

本体

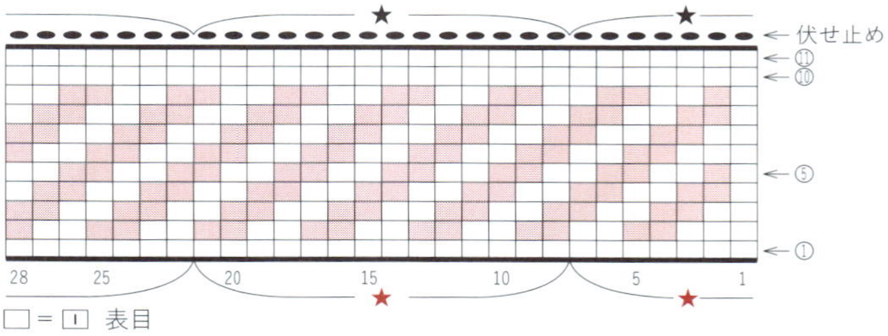


まとめ方

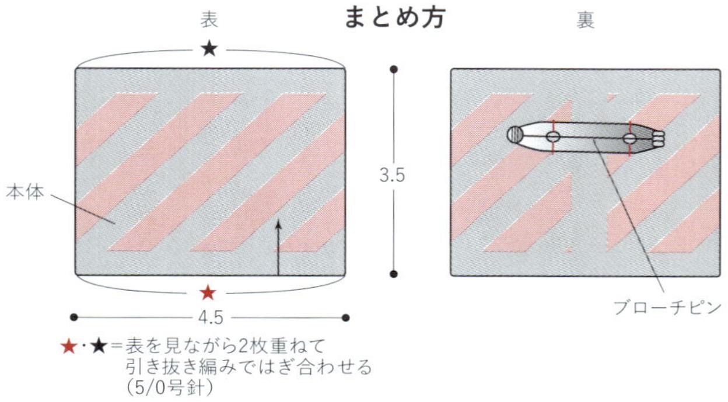

PHOTO P.21 **秋のブローチ（葉っぱ）**

### 材料と用具

DARUMA　レース糸#20
　b:レモン(12)、c:オリーブ(11)各少々
長さ2.5cmのブローチピン1個
フェルト(ベージュ)8cm×3cm
かぎ針2/0号

**できあがりサイズ** / 縦3cm　横8cm

### 編み方のポイント

●本体は図を参照して編み、8cm×3cmのフェルトに本体を接着剤で貼る。フェルトは形に合わせてまわりをカットする。

●裏面にブローチピンを縫いつける。

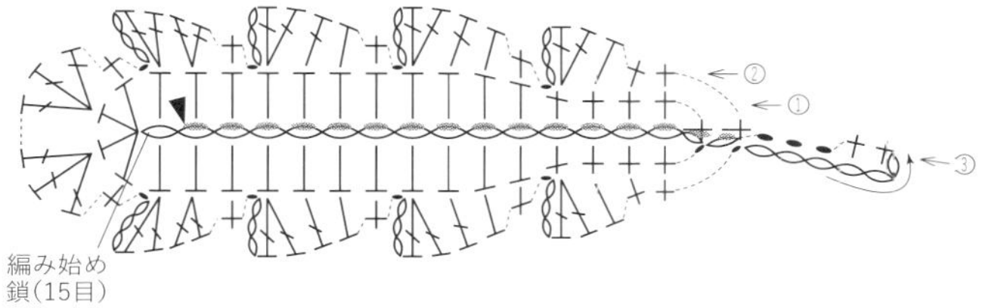


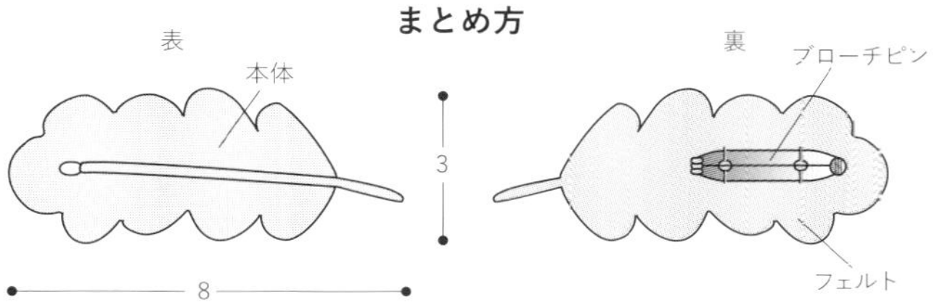


---

PHOTO P.29 **冬のブローチ（靴下）**

### 材料と用具

DARUMA　エアリーウールアルパカ
　d…きなり(1)・ブルーグレー(5)各少々
　e…きなり(1)・ネイビー(6)各少々
　f…ネイビー(6)・ライトグレー(7)各少々
長さ2.5cmのブローチピン1個
棒針3号

**できあがりサイズ** / 縦6cm　横4cm

### 編み方のポイント

●本体は指でかける作り目で14目作って輪にし、11段めまで記号図どおりに編む。かかとは7目を減目しながら往復に編み、残りの目は休ませておく。5〜8段めは減目した部分から目を拾いながら編む。続けてかかとの目と休み目から目を拾って9段輪に編む。つま先は減目しながら2段編む。最終段の残った目に糸を通して絞る。

●裏面にブローチピンを縫いつける。

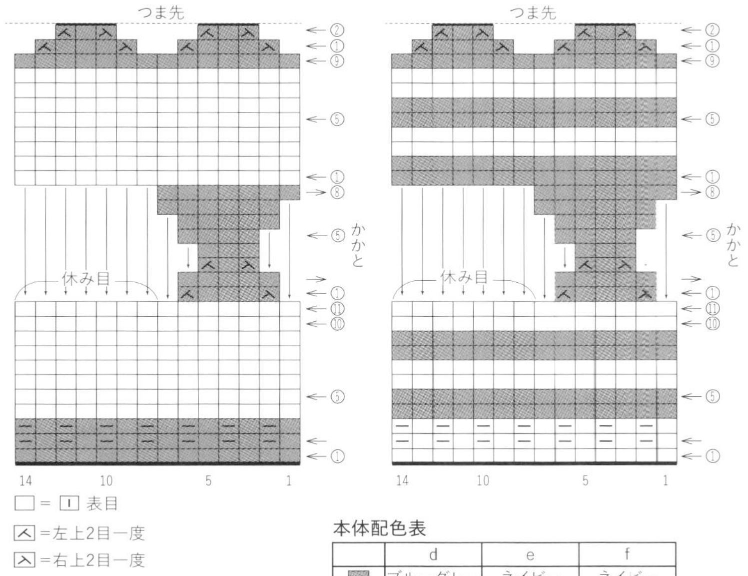


本体配色表

| | d | e | f |
|---|---|---|---|
| ■ | ブルーグレー | ネイビー | ネイビー |
| □ | きなり | きなり | ライトグレー |

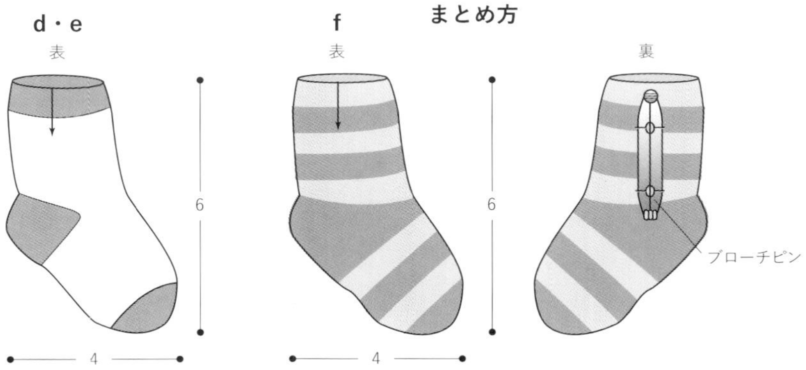

## PHOTO P.29　冬のブローチ（ミトン）

**材料と用具**

ハマナカ　純毛中細
　g…白(1)・からし色(43)各少々
　h…白(1)・水色(49)各少々
長さ2.5cmのブローチピン1個
棒針3号

**できあがりサイズ** / 縦5.5cm　横4cm

**編み方のポイント**

● 本体は指でかける作り目で20目作って輪にする。17段めまで記号どおり編む。編み込み模様は糸を横に渡して編む。続けて減目をしながら4段編み、最終段の残った目に糸を通して絞る。

● 親指は指定の位置から6目拾い、輪で4段編み、最終段の目に糸を通して絞る。

● 裏面にブローチピンを縫いつける。

親指

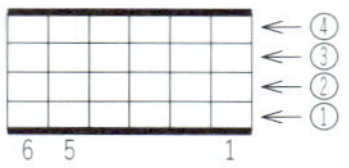

本体

□ = ⊥ 表目
♀ = ねじり目
木 = 中上3目一度
⧹ = 左上2目一度
⧸ = 右上2目一度

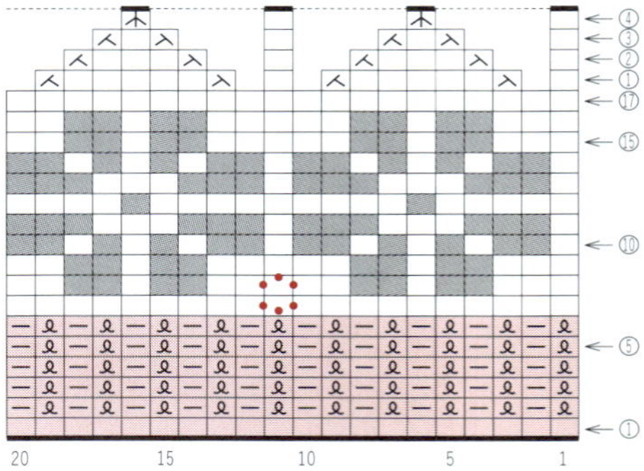

● = 親指の拾い目位置

**配色表**

|  | g | h |
|---|---|---|
| ■ | からし色 | 水色 |
| □ | 白 | 白 |
| ▨ | からし色 | 白 |

**まとめ方**

---

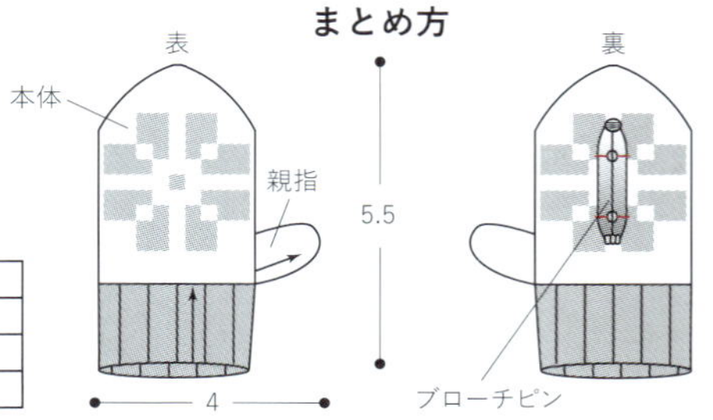

## PHOTO P.29　冬のブローチ（帽子）

**材料と用具**

DARUMA　シェットランドウール
　a…きなり(1)2g　チョコレート(3)少々
　b…オートミール(2)2g　レッド(18)少々
　c…きなり(1)3g
長さ2.5cmのブローチピン1個
棒針3号

**できあがりサイズ** / 縦5cm　横3.5cm

**編み方のポイント**

● 本体は指でかける作り目で20目作って輪にする。9段めまで記号図どおりに編み、残りの5段は減目をしながら編む。最終段の残った目に糸を通して絞る。

● ポンポンは図を参照して作り、本体の最終段に縫いつける。

● 裏面にブローチピンを縫いつける。

本体

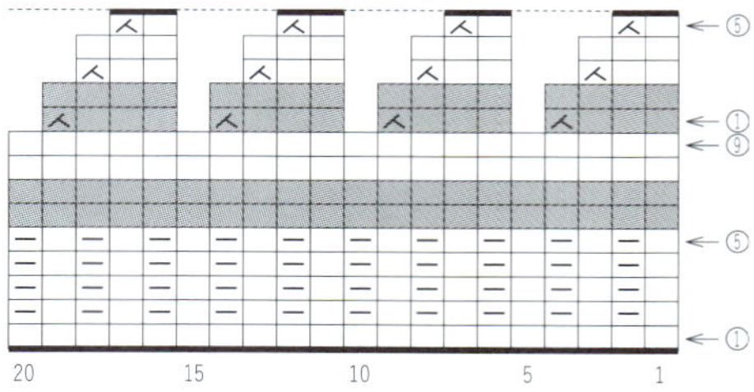

□ = ⊥ 表目
⧹ = 左上2目一度

**ポンポン配色表** ※cはきなり

|  | a | b |
|---|---|---|
| ■ | チョコレート | レッド |
| □ | きなり | オートミール |

**ポンポン**

① 人差し指と中指2本に
　 a、bは指定の糸を20回、
　 cは40回巻く

② 切る
　 きつくしばる

③ 切りそろえる

**まとめ方**

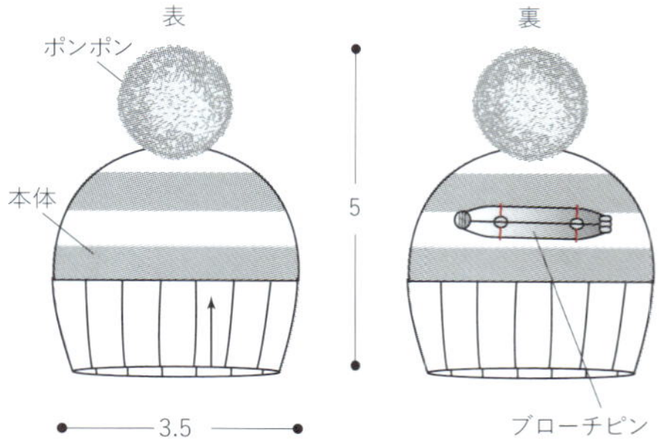

PHOTO P.18-19 **キャンディーブックカバー**

## 材料と用具

sawada itto　こねり
煉瓦(12)15g　つつじ(9)10g
すずらん(1)・桜(8)・勿忘草(17)・
栗(7)・はっか(23)各5g
かぎ針3/0号

**できあがりサイズ** / 横29cm　縦21cm

**ゲージ** / モチーフ 直径約3.8cm

10cm平方で方眼編みA、B 32目×14段

## 編み方のポイント

●そで①、そで②は鎖の作り目で61目作り、図を参照して方眼編みA、Bで14段編む。

●本体のモチーフは輪の作り目で編み始め、図を参照して2段編む。2枚めからは2段めで隣接したモチーフとつなぎながら編む(針を一度外してつなぐ方法)。1～5、45～49のモチーフは指定の位置でそでともつなぎながら編む。

●そで①、そで②、本体をつないだまわりに縁編みを周囲に2段編む。

●そで①、そで②は本体の内側に折り返し、図を参照して引き抜き編みを編む。

●しおりのひもは指定の位置に糸をつけて鎖編みを編む。ひも飾りは図を参照して2枚編み、ひもの先端にひもを挟んだ状態でとじつける。

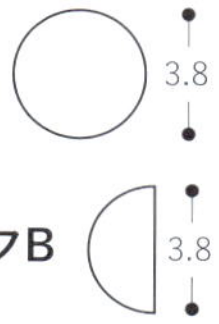


モチーフの色と枚数

| | 色 | A | B |
|---|---|---|---|
| a | つつじ | 7 | 1 |
| b | 桜 | 8 | |
| c | 栗 | 4 | 2 |
| d | はっか | 6 | |
| e | 勿忘草 | 6 | 1 |
| f | 煉瓦 | 4 | 2 |
| g | すずらん | 5 | 2 |

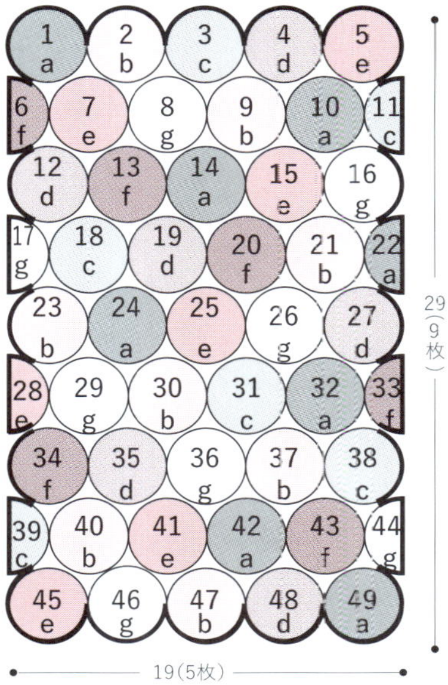


※図中の数字は編む順序
※モチーフ1～5と45～49は図を参照して、そでとつなぎながら編む

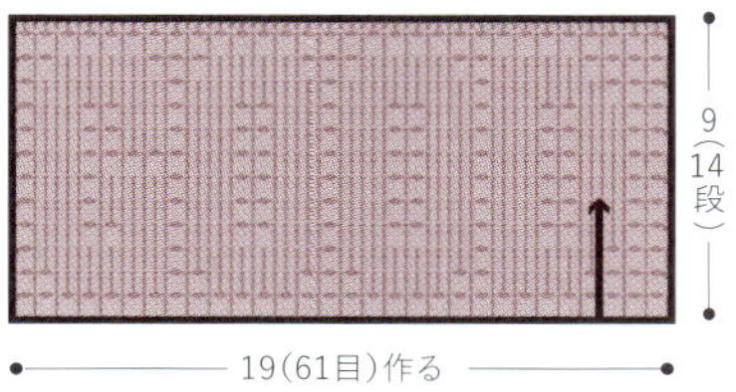


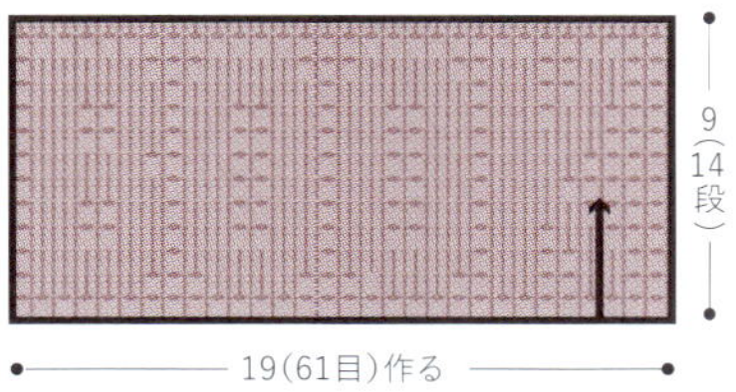


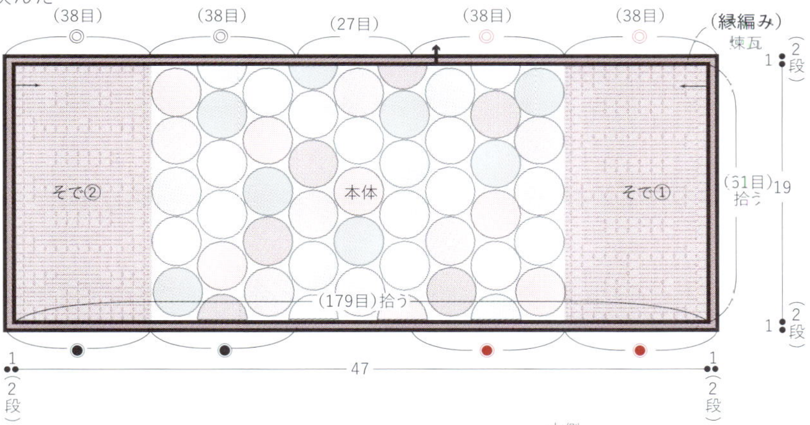


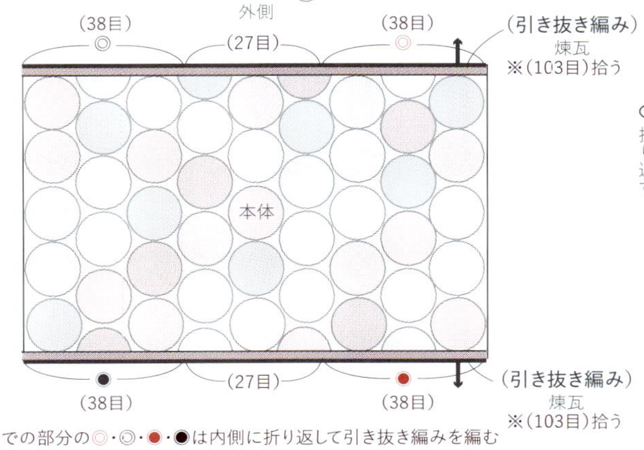


※そでの部分の◎・◎・●・●は内側に折り返して引き抜き編みを編む

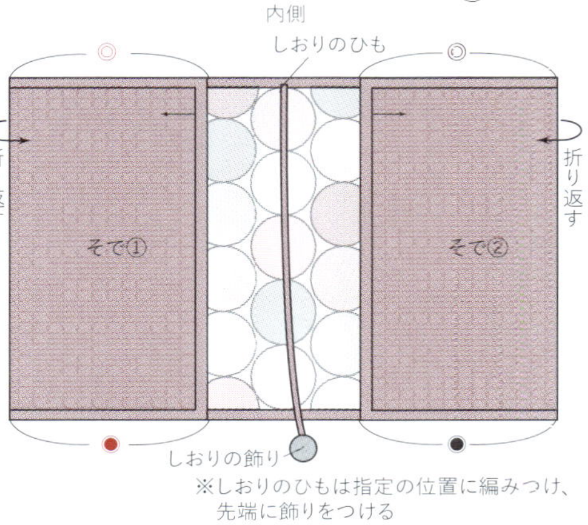


※しおりのひもは指定の位置に編みつけ、先端に飾りをつける

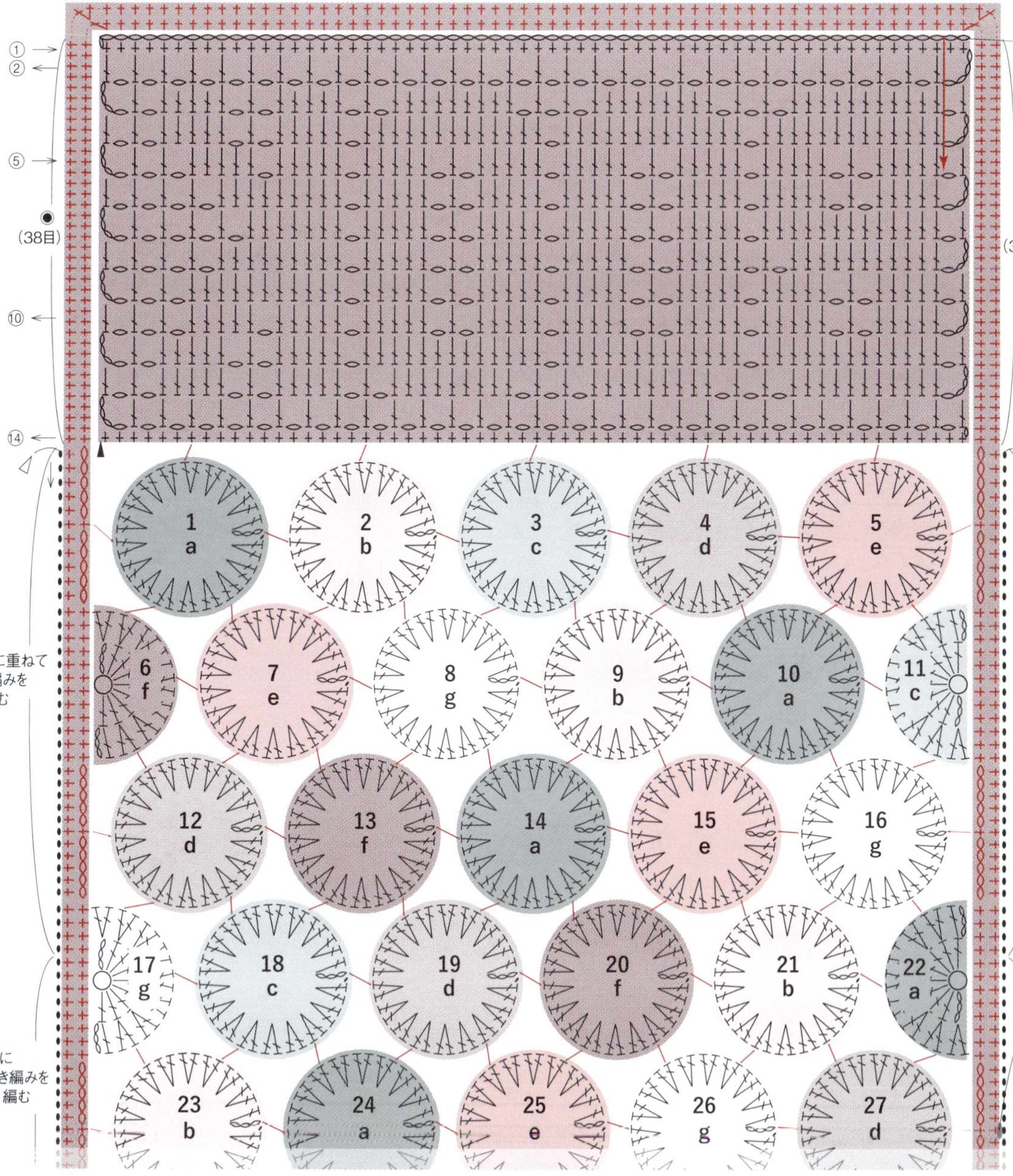


▷＝糸をつける
▶＝糸を切る

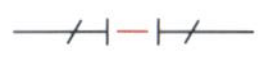

長編みを編んだら、目から針をはずし、つなぐ側の長編みまたは細編みの頭に針を入れ、続きの長編みを編む

## しおりのひも

煉瓦

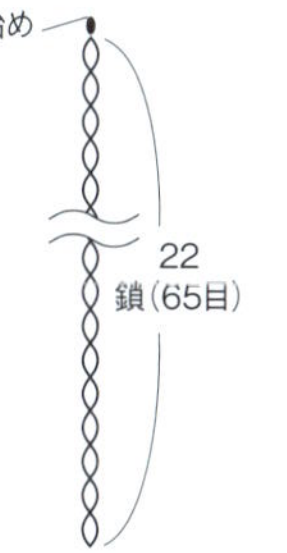


## ひも飾り

つつじ 2枚

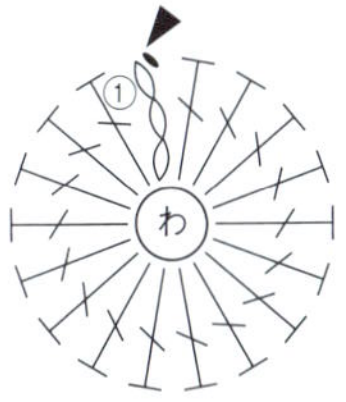


※しおりのひもは指定の位置に糸をつけ、鎖編みを65目編む
※ひもの先端をひも飾りの裏につけ、もう一枚で外表に挟んでまわりをとじつける

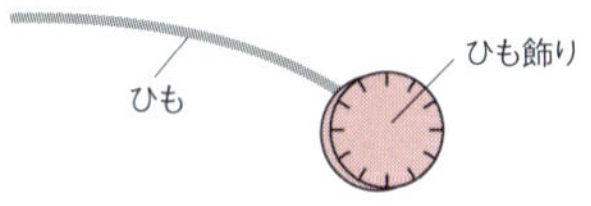

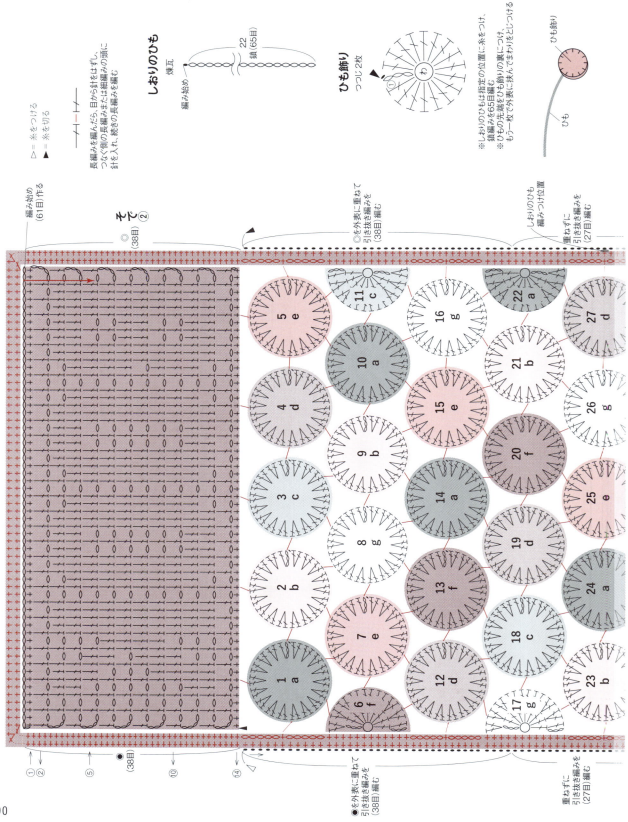

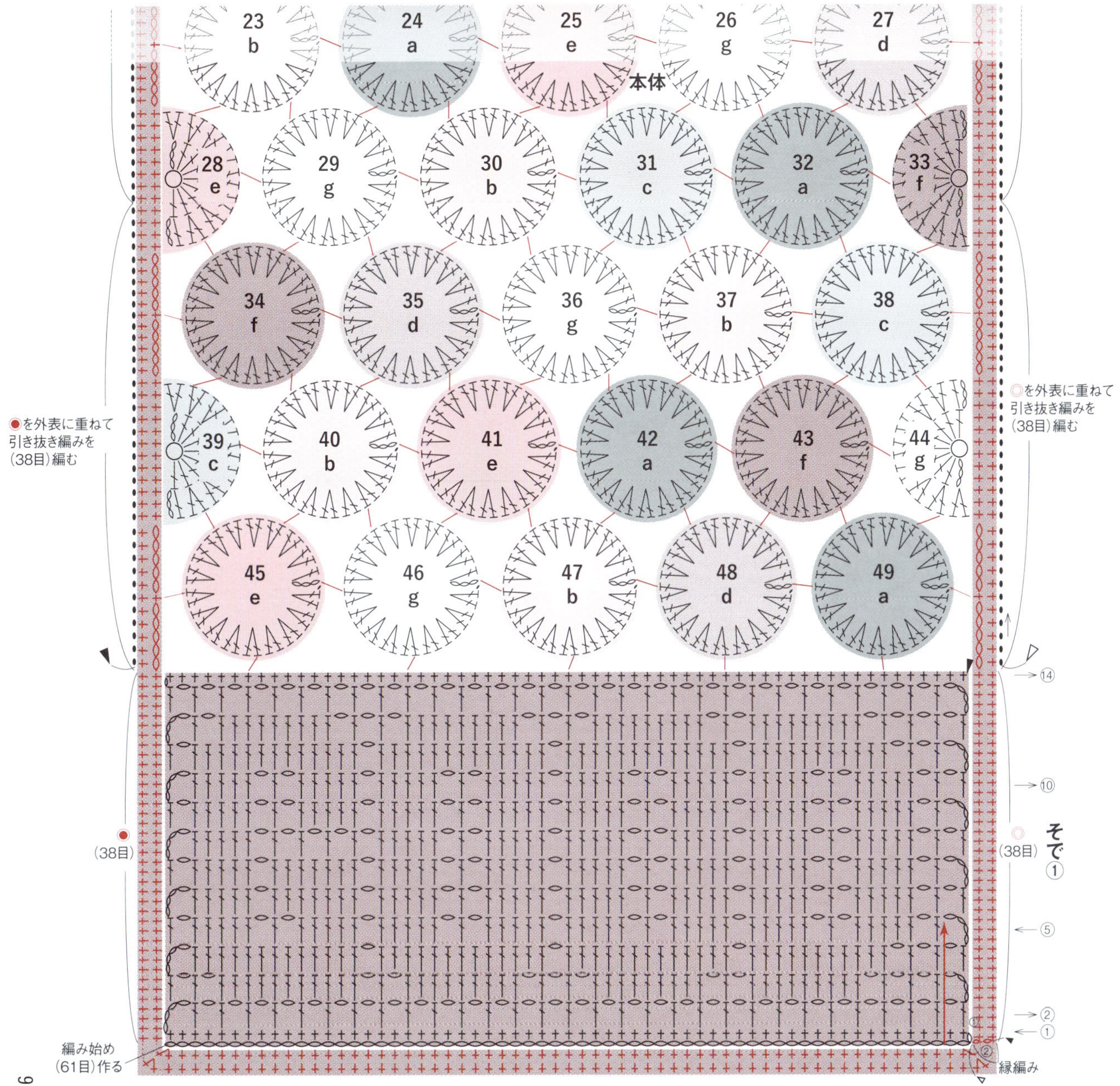


モチーフA

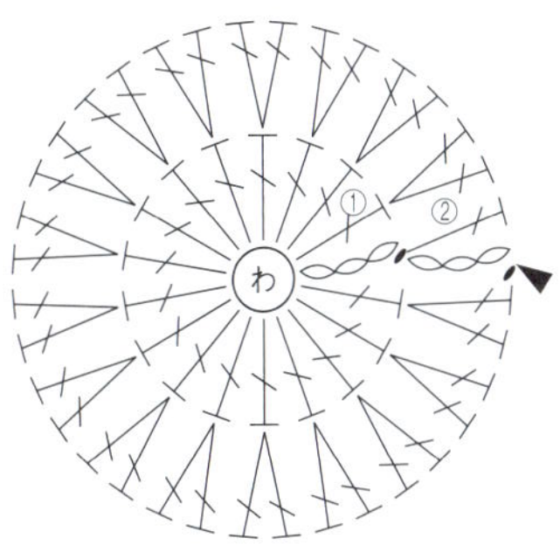


モチーフB

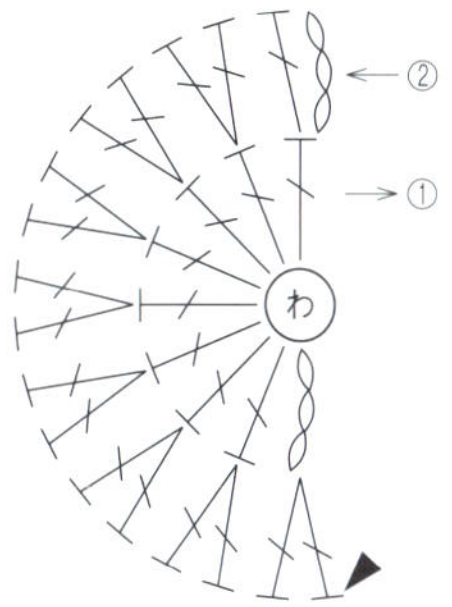


▷＝糸をつける
▶＝糸を切る

# BASIC　編み方の基礎〈かぎ針編み〉

かぎ針編みの基礎知識と、作り方ページに登場する主な編み目記号やテクニックを紹介します。
ここにない記号や基本的な編み方はP.42〜45も参照してください。

### 鎖編み

かぎ針編みの基本の編み方です。
編み方はP.43をご覧ください。

【鎖編みの編み目の形】

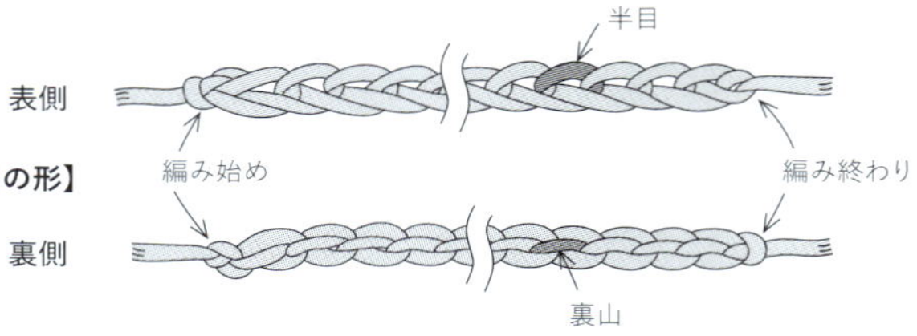


### 編み目記号と立ち上がりの鎖

段の編み始めの目を立ち上がりといい、
次の段に必要な編み目の高さ分を鎖編みで編みます。
立ち上がりの鎖は細編み以外は1目と数えます。

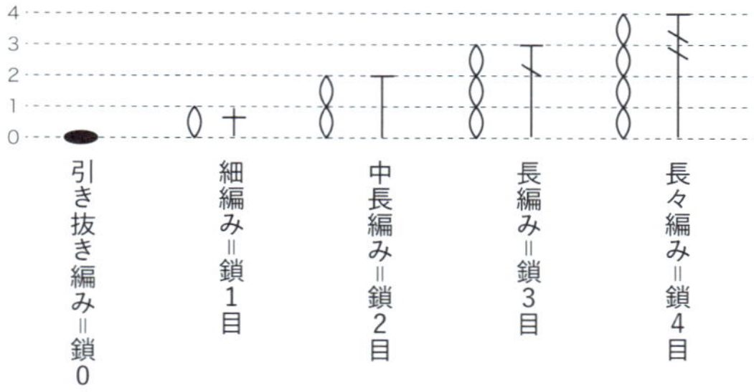


### 編み目の名称

P42~45のレッスンの中で編み目の部位の名称が
出てくることがあります。長編みを例に紹介します。

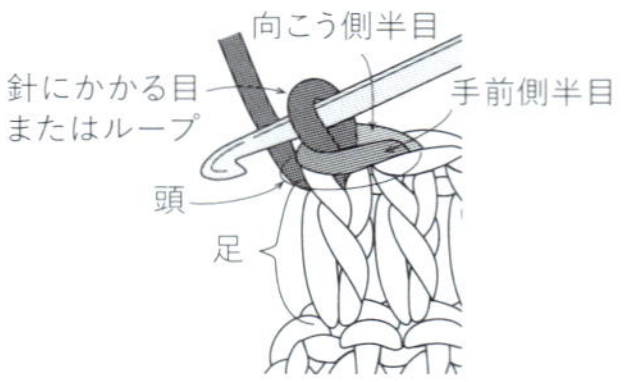

 **細編み2目一度**

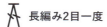

 **長編み2目一度**

※長々編み2目一度の場合は、「未完成の長々編み」を2目編んで一度に引き抜きます。

 **長編み3目の玉編み（目に編む）**

 **長編み3目の玉編み（束に拾う）**

### スレッドコード

※2色で作る場合は、糸端5cm程度で鎖の端の目を作り、糸端の代わりに別色の糸をかけて編みます。

**1**

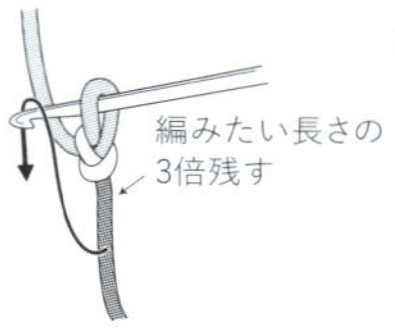


糸端を編みたい長さの3倍残し、鎖編みの端の目を作ります。糸端を手前から向こうに向かって針にかけます。

**2**

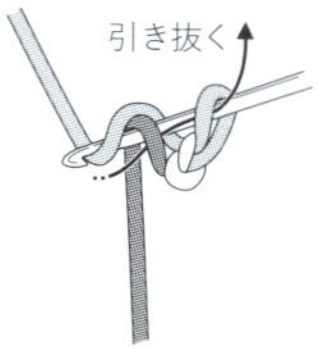


針先に糸をかけて糸端も一緒に引き抜きます。（鎖編み）

**3**

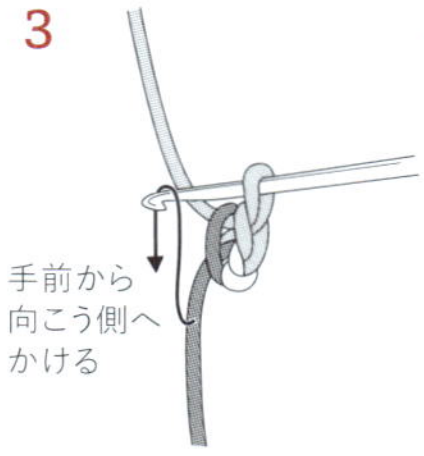


1目編めました。次の目も糸端を手前から向こう側にかけて

**4**

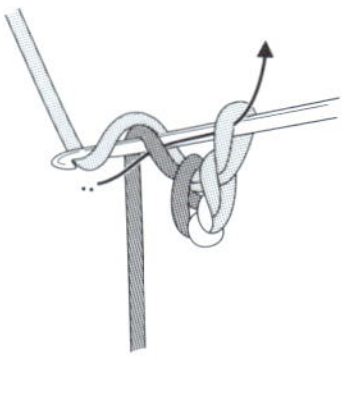

一緒に引き抜いて鎖編みを編みます。

**5**

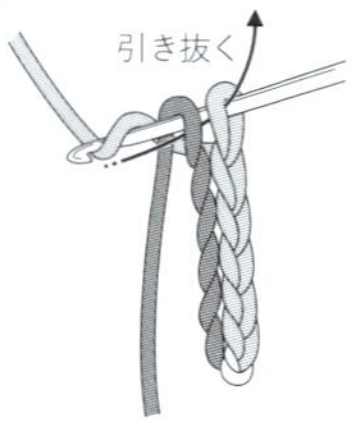


3〜4をくり返して編み、編み終わりは鎖目を引き抜いて引きしめます。

## モチーフのつなぎ方〈編み上げてから細編みで外表につなぐ〉

1

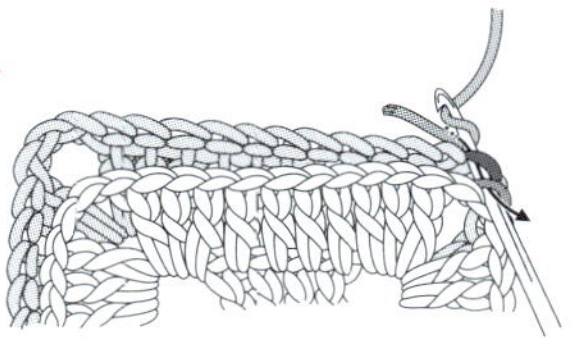

2枚のモチーフを外表に合わせ、かど中央の鎖編みの外側半目ずつに針を入れ、糸をかけて引き出します。

2

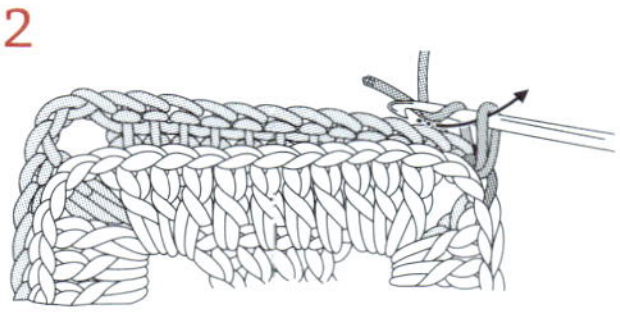

さらに糸をかけて引き抜きます。

3

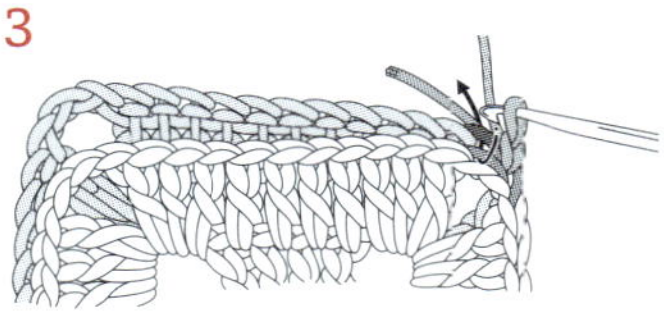

次の目も外側半目ずつを拾って

4

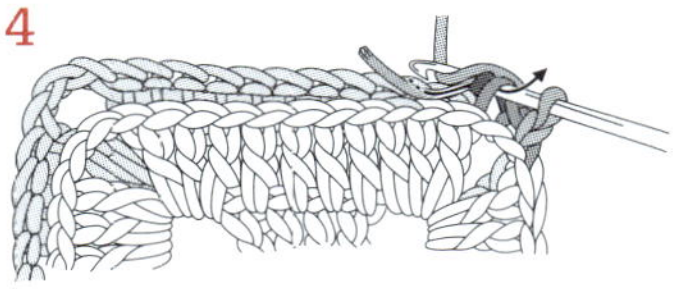

糸端も一緒にすくって糸をかけて引き出し、

5

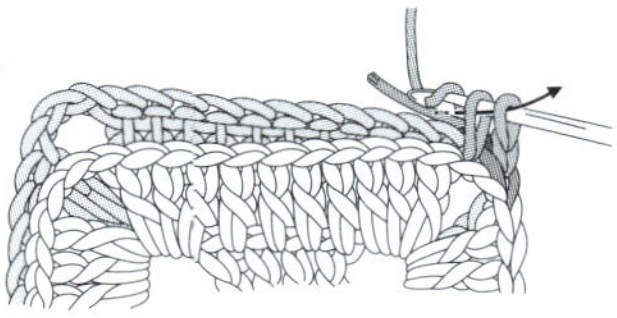

細編みを編みます。

6

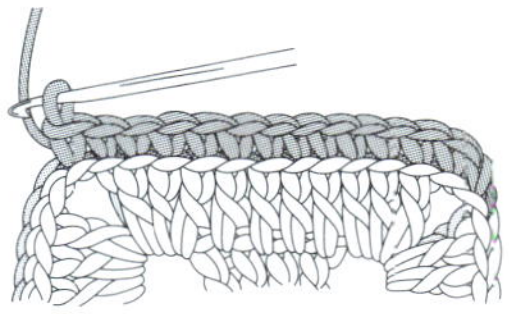

同様に、2枚に針を入れて細編みを編んでつないでいきます。

## モチーフのつなぎ方〈編みながら最終段の細編みでつなぐ〉

1

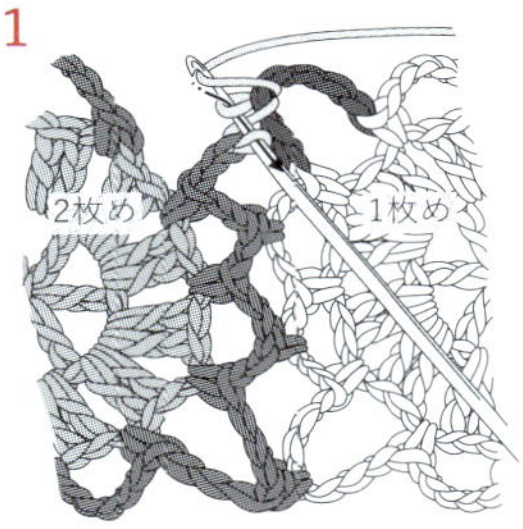


2枚めのモチーフの最後の辺を編みながら、1枚めの鎖のループを裏側から束にすくって細編みでつなぎます。

2

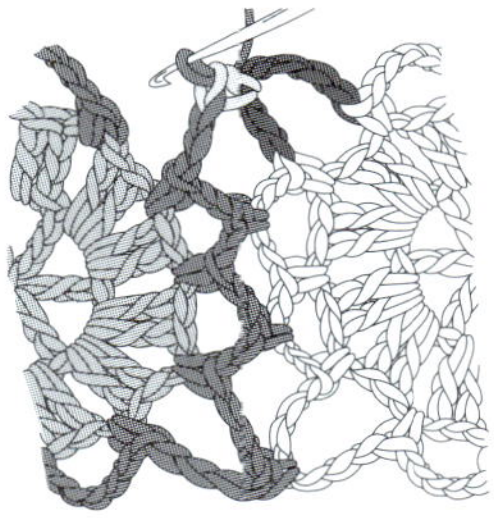

細編みで1辺がつながりました。2枚めのモチーフの続きを編みます。

3

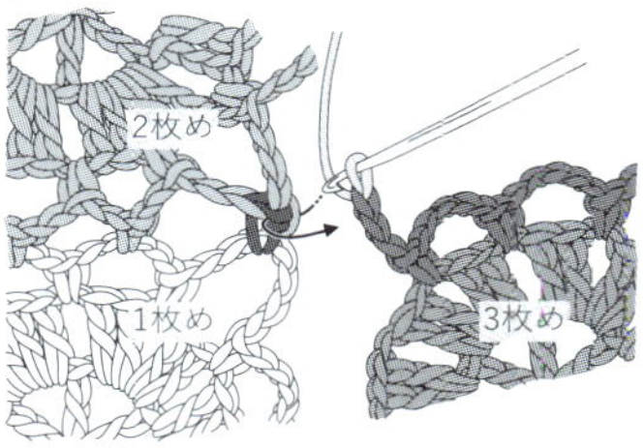


つなぐ位置の手前の鎖を編んだら、1・2枚めをつないだ細編みの足2本を裏側からすくって針を入れ、

4

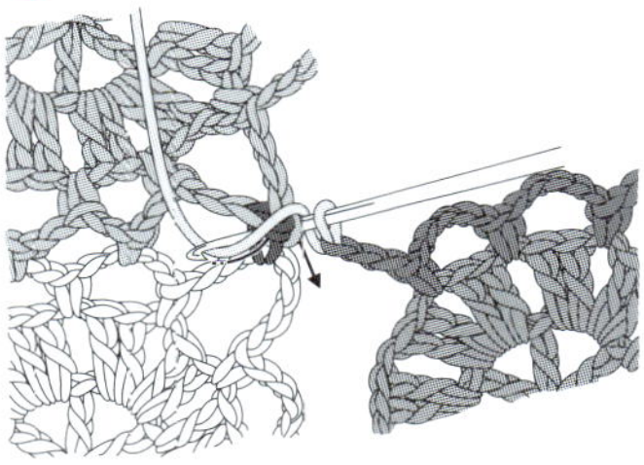

糸をかけて引き出します。

5

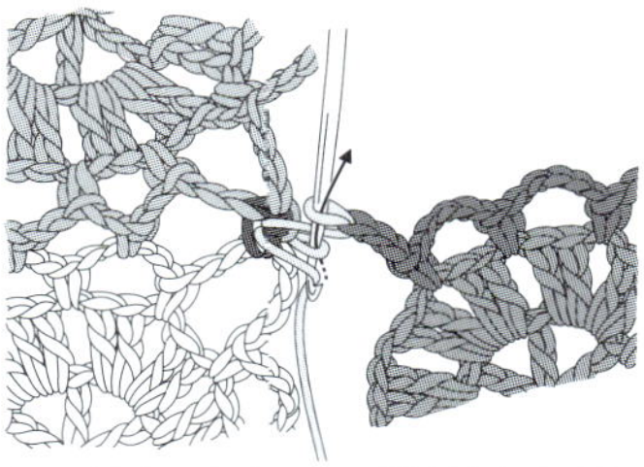

さらに針先に糸をかけて引き抜き、細編みを編みます。

6

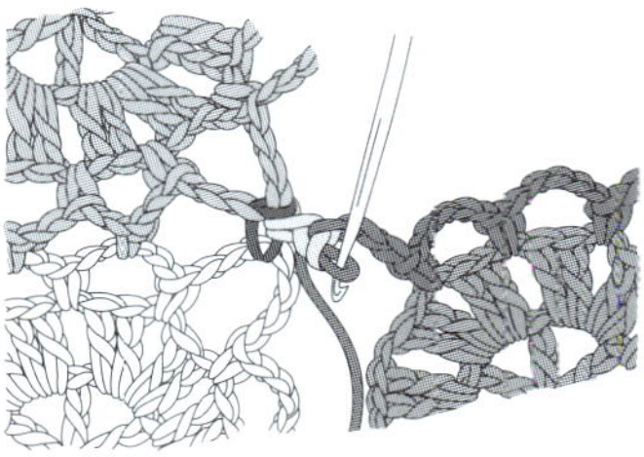

3枚めのかどがつながりました。続いて3枚めのモチーフを1枚めのモチーフとつなぎながら編みます。

7

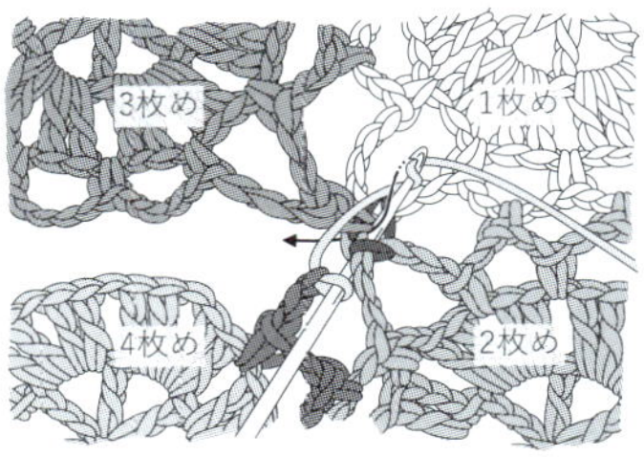


つなぐ手前の鎖を編んだら、3と同じ2枚めの細編みの足2本を裏側からすくって糸をかけて引き出します。

8

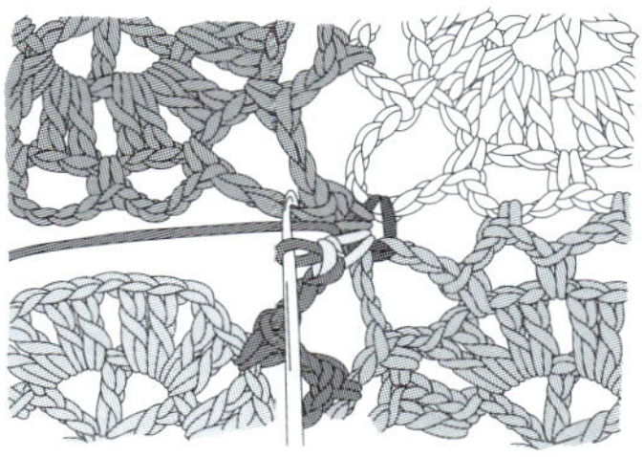

細編みを編みます。4枚めのかどがつながりました。

9

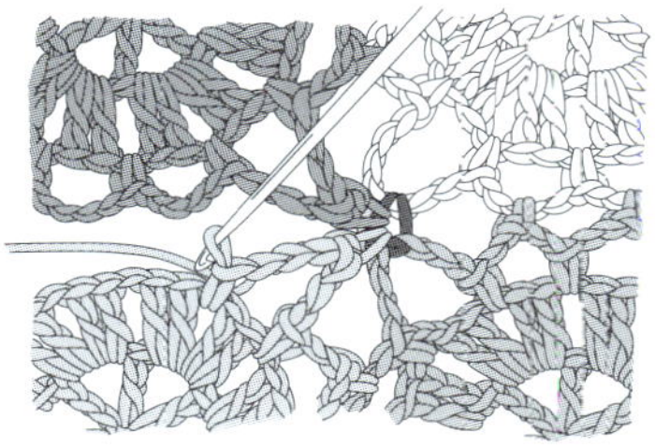

続けて、つなぐ手前の鎖を編み、4枚めのモチーフに細編みを編みます。次は3枚めのモチーフとつなぎます。

# BASIC 編み方の基礎〈棒針編み〉

棒針編みの作り方ページに登場する主な編み目記号やテクニックを紹介します。
ここにない編み方はP.46～47も参照してください。

裏目　かけ目　ねじり目　左上2目一度　右上2目一度　中上3目一度

## ねじり増し目

### 左ねじり増し目（右側）

1

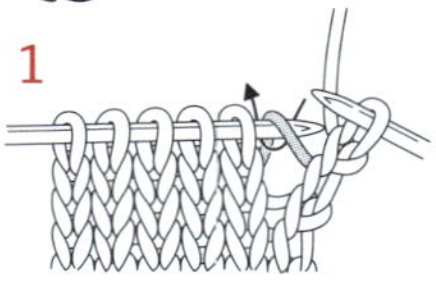

目と目の間の糸を図のように左針にかけ、矢印のように針を入れ、

2

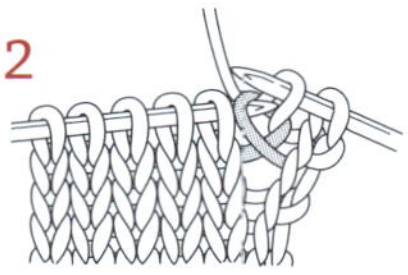

表目で編みます。右側のねじり増し目のできあがり。

### 右ねじり増し目（左側）

1

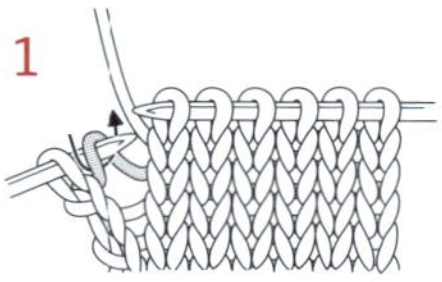

目と目の間の糸を図のように左針にかけ、矢印のように針を入れ、

2

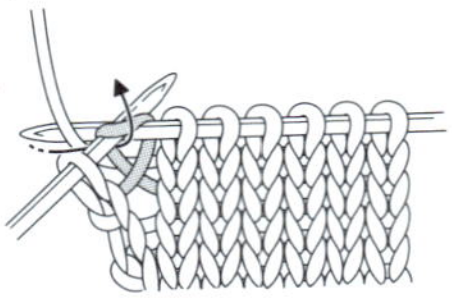

表目で編みます。左側のねじり増し目のできあがり。

## 表目の増し目（右側）

1

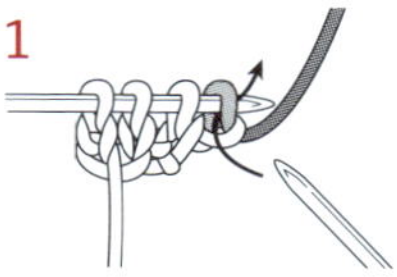

端の目に矢印のように針を入れ、糸をかけて引き出します。

2

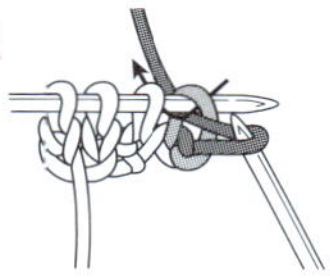

左針の目は針からはずさず、さらに矢印のようにねじり目を編むように針を入れます。

3

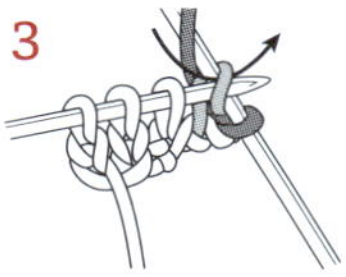

糸をかけて引き出します。

4

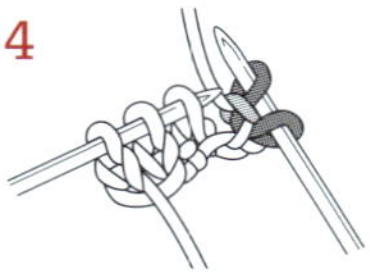

端の1目に2目表目を編み入れました。

## 表目の増し目（左側）

1

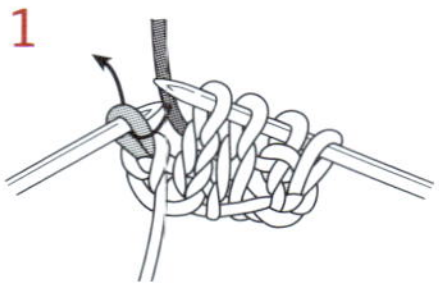

端の目に矢印のように針を入れ、糸をかけて引き出します。

2

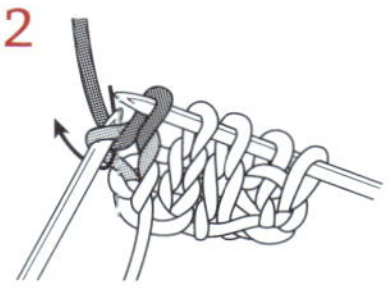

左針の目は針からはずさず、さらに矢印のようにねじり目を編むように針を入れます。

3

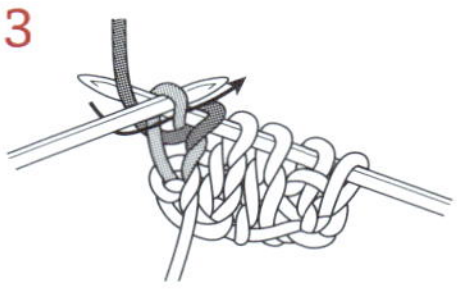

糸をかけて引き出します。

4

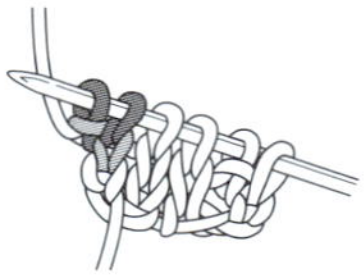

端の1目に2目表目を編み入れました。

## しぼり止め

（目数が少ないとき）

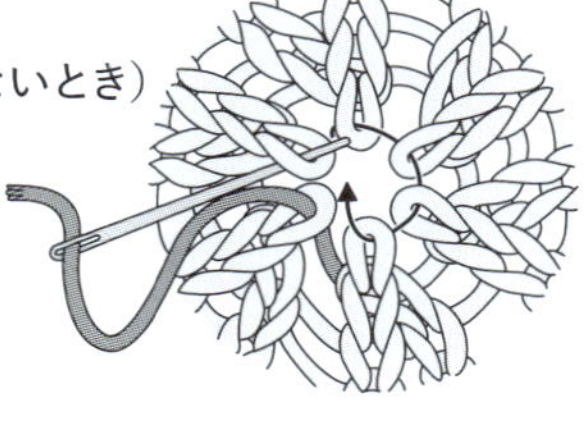

全目に糸を通して1回でしぼります。

（目数が多いとき）

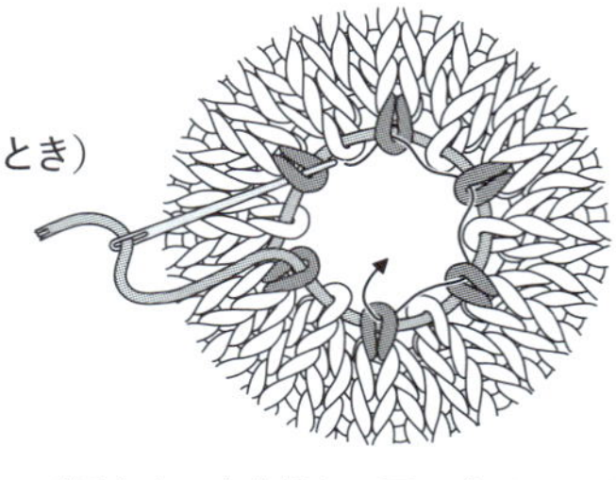

1目おきに糸を通し、2回に分けてしぼります。

### 別糸の編み入れ方

1

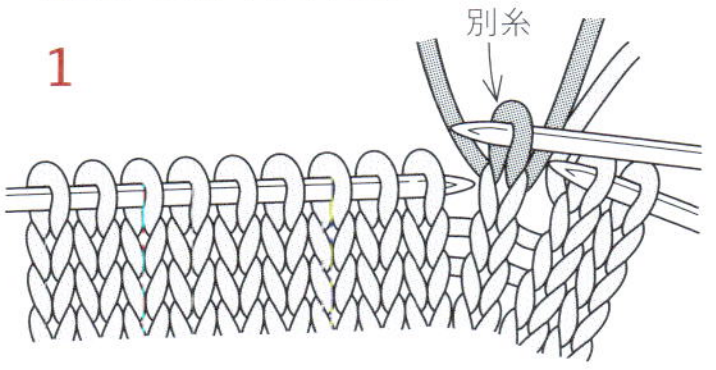


別糸編み入れ位置にきたら、これまで編んでいた糸を休ませ、別糸をつけて指定の目数を編みます。

2

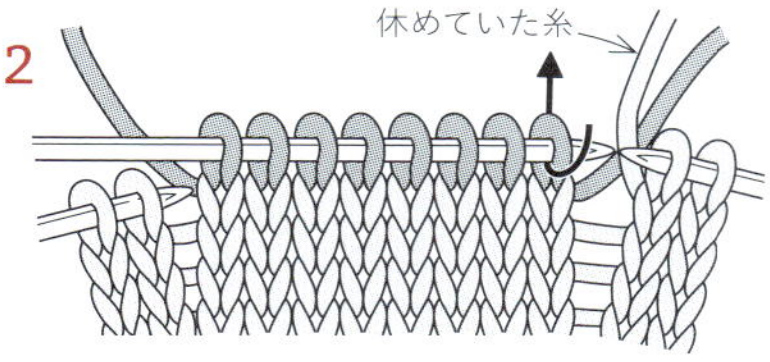


元の位置に戻り、別糸で作った目を休めていた糸で編みます。

3

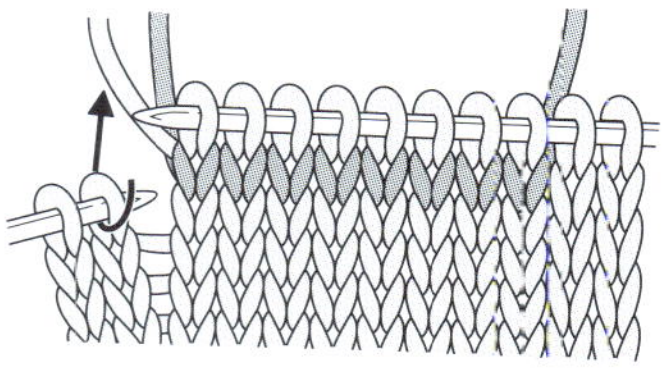

別糸の上を編み終わったら、そのまま続きを編みます。

4

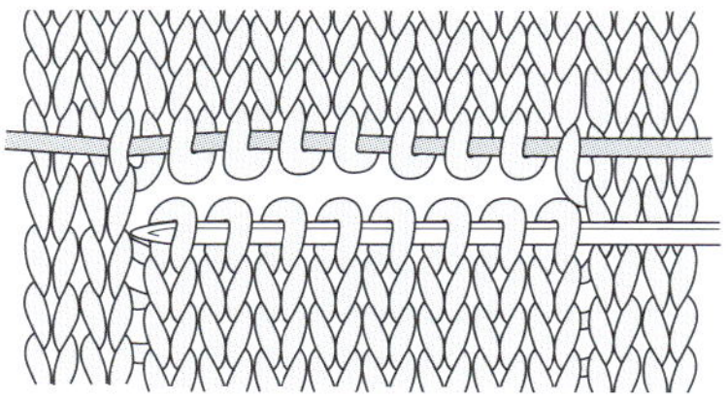

［拾い目位置］

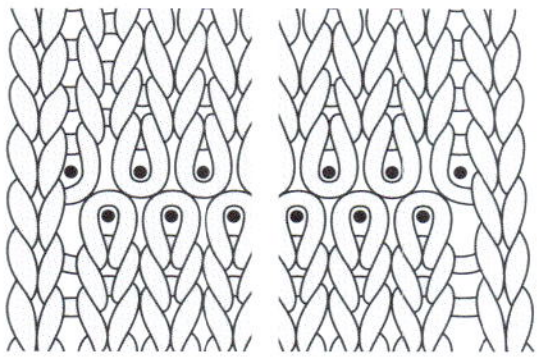

最後まで編み終わったら、別糸を抜いて目を拾います。ここでは、下は棒針にとったところ。上はシンカーループなので左右の目も拾い、下より1目多くなるので注意。

### ジュディズ・マジック・キャストオン

輪針を使って作る作り目です。

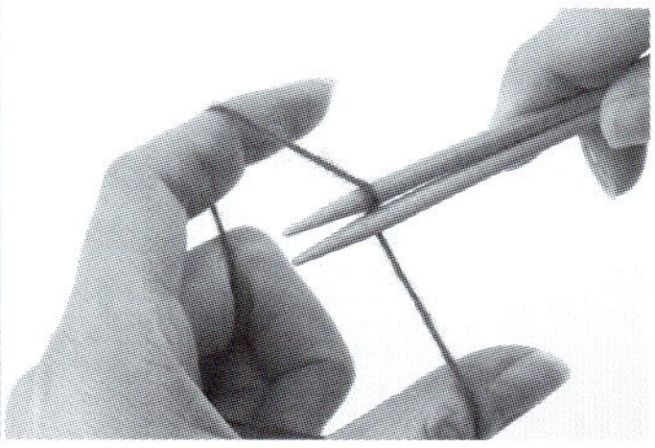

1 糸端側は人差し指に、糸玉側は親指にかけて持ち、2本の針で糸をはさみます。

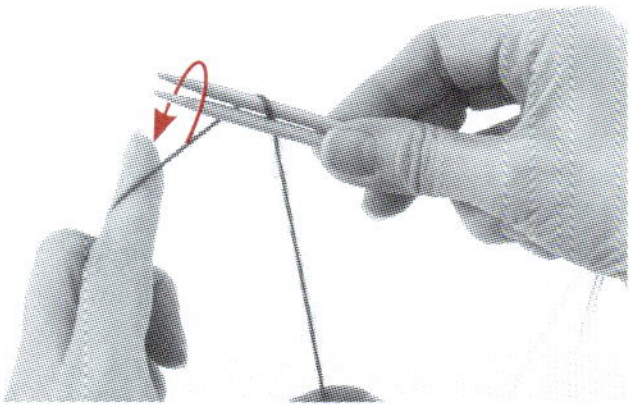

2 人差し指の糸を矢印のように針にかけます。

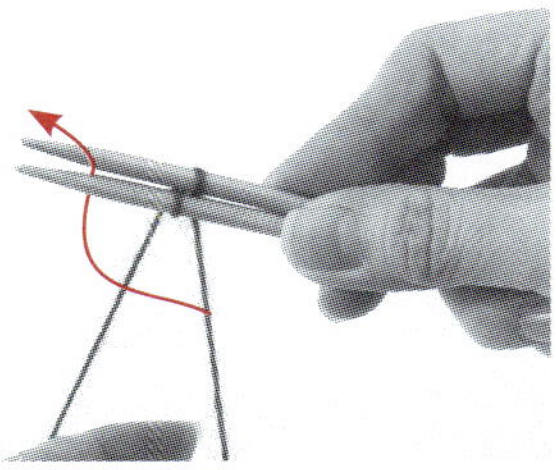

3 続けて親指の糸を矢印のように針にかけます。

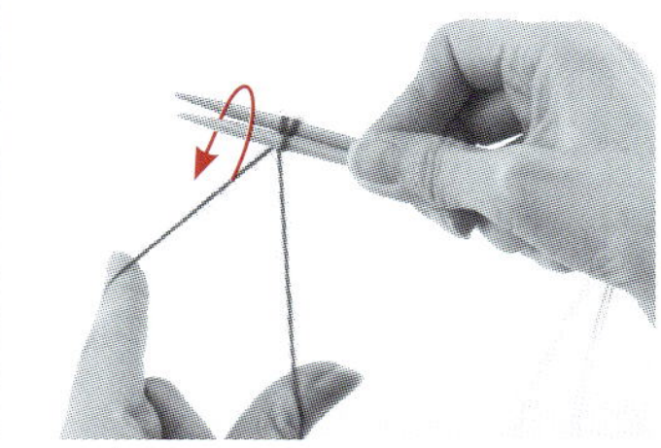

4 人差し指の糸を矢印のように針にかけます。

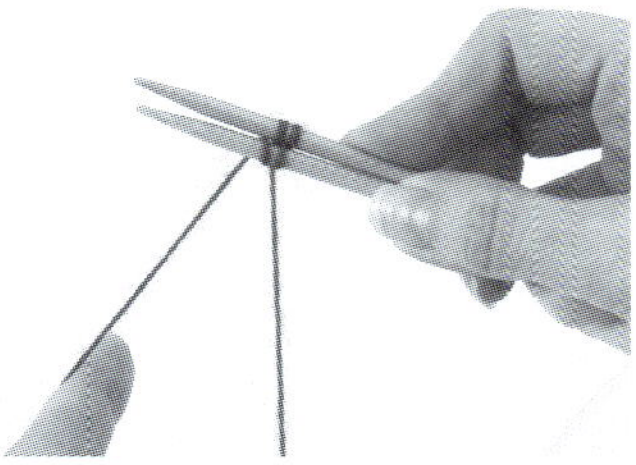

5 4目作れました。

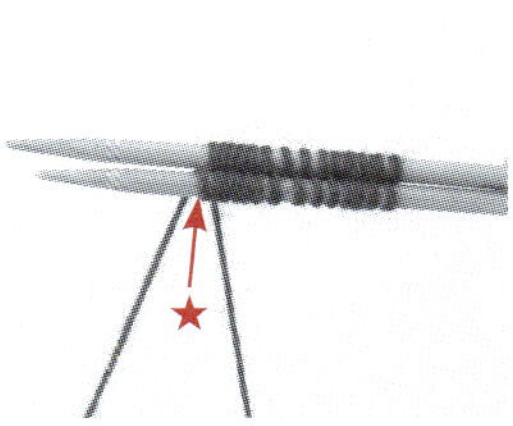

6 作り目ができました。

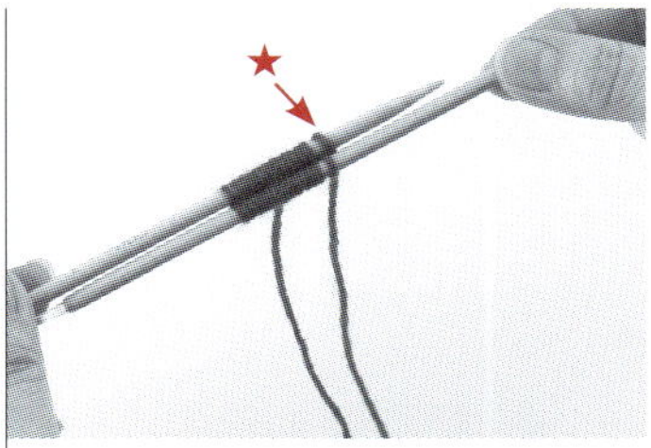

7 針を反対側に持って下側の針を1本抜き、

8 2段めを編みます。針にかかっている目を編み終わったら、コードにかかっている目を針に移して両側を輪に編みます。

## PROFILE

**Lunedi777 ♡ 泉 玉青**
（ルネディ ナナナナナナ　イズミ タマオ）

旅するように暮らす編み物屋。
身の回りに母が編んだものがあったので
【編み物】を始めてみたら性に合うことを発見。
独学で学び、どこで暮らしても
継続できる手仕事として編む日々。
主にブローチやバッグ、ニット小物などを
2007年頃からカフェや雑貨店、通販サイトで販売し、
企画展などに参加。
数年前より、手芸誌や企業へのデザインや
作品提供の機会にも恵まれる。
— 春夏秋冬　いつでもどこでも編み物 —
Instagram：@lunedi777

### STAFF

| | |
|---|---|
| ブックデザイン | 天野美保子 |
| 撮影 | 三好宣弘 |
| スタイリング | 鈴木亜希子 |
| ヘアメイク | AKI |
| モデル | ロビン・J |
| 編集協力 | 中村洋子　高山桂奈　栗原千江子 |
| | 村本かおり　稲葉純子 |
| | 古山香織　鈴木博子 |
| 編み方校正 | 曽我圭子 |
| 編集担当 | 有馬麻理亜 |

◆ **素材協力**

オリムパス製絲株式会社
TEL 052-931-6679
https://olympus-thread.com

ごしょう産業株式会社〈毛糸ピエロ〉
TEL 0120-108-540
https://www.gosyo.co.jp
https://www.rakuten.co.jp/gosyo/

澤田株式会社（sawada itto）
TEL 03-5786-1450
https://www.sawadaitto.jp

横田株式会社（DARUMA）
TEL 06-6251-2183
https://www.daruma-ito.co.jp

ハマナカ株式会社（ハマナカ・リッチモア）
TEL 075-463-5151
http://www.hamanaka.co.jp

手編みのお店 [hus:] フース
https://hus-official.co.jp

◆ **撮影協力**

CARBOOTS
東京都渋谷区代官山町14-5
シルク代官山1F
TEL 03-3464-6868

BOUTIQUE JEANNE VALET
東京都渋谷区代官山町13-6
TEL 03-3464-7612

AWABEES
TEL 03-6434-5635

---

**まいにちカラフル　一年中の編みこもの**

発行日　2025年2月26日　第1刷
　　　　2025年4月6日　第2刷
著　者　Lunedi777　泉 玉青
発行人　瀬戸信昭
編集人　舟生健一
発行所　株式会社 日本ヴォーグ社
　　　　〒164-8705　東京都中野区弥生町5-6-11
　　　　TEL 03-3383-0637（編集）
出版受注センター　TEL 03-3383-0650　FAX 03-3383-0680
印刷所　株式会社シナノ

Printed in Japan　© Lunedi777 Tamao Izumi 2025
ISBN978-4-529-06462-0

・印刷物のため、実際の色とは色調が異なる場合があります。
・万一、落丁本、乱丁本がありましたら、お取り替えいたします。
小社出版受注センターまでご連絡ください。

JCOPY <（社）出版者著作権管理機構　委託販売物>
本書（誌）の無断複製は著作権法上での例外を除き禁じられています。複製される場合は、
そのつど事前に、出版者著作権管理機構（Tel. 03-5244-5088 Fax.03-5244-5089、
e-mail: info@jcopy.or.jp）の許諾を得てください。
本書に掲載の作品を商業的に複製することは、固くお断りします。

---

**あなたに感謝しております**　　We are grateful.

手づくりの大好きなあなたが、
この本をお選びくださいましてありがとうございます。
内容はいかがでしたでしょうか？
本書が少しでもお役に立てば、こんなにうれしいことはありません。
日本ヴォーグ社では、手づくりを愛する方とのおつき合いを大切にし、
ご要望におこたえする商品、サービスの実現を常に目標としています。
小社及び出版物について、何かお気づきの点やご意見がございましたら、
何なりとお申し出ください。
そういうあなたに、私共は常に感謝しております。

株式会社日本ヴォーグ社　社長　瀬戸信昭
FAX 03-3383-0602

手づくりに関する情報を発信中
**日本ヴォーグ社 公式サイト**

ショッピングを楽しむ
**手づくりタウン**

ハンドメイドのオンラインレッスン
 CRAFTING

初回送料無料のお得なクーポンが使えます！詳しくはWebへ

手づくり専門カルチャースクール
**ヴォーグ学園**

日本ヴォーグ社の通信講座

**手芸の学校**